乡村振兴背景下农村金融发展质量提升与政策优化研究

丁　毅　著

中国农业出版社
北　京

图书在版编目（CIP）数据

乡村振兴背景下农村金融发展质量提升与政策优化研究 / 丁毅著. —北京：中国农业出版社，2021.8
ISBN 978-7-109-28739-6

Ⅰ.①乡… Ⅱ.①丁… Ⅲ.①农村金融—经济发展—研究—中国②农村金融—金融政策—研究—中国 Ⅳ.①F832.35

中国版本图书馆 CIP 数据核字（2021）第 168515 号

中国农业出版社出版
地址：北京市朝阳区麦子店街 18 号楼
邮编：100125
责任编辑：赵 刚
版式设计：杜 然　　责任校对：刘丽香
印刷：北京印刷一厂
版次：2021 年 8 月第 1 版
印次：2021 年 8 月北京第 1 次印刷
发行：新华书店北京发行所
开本：720mm×960mm　1/16
印张：9.25
字数：150 千字
定价：68.00 元

前　言

金融部门发展质量的优化是深化金融供给侧结构性改革的直接目标，有助于提高农业农村发展质量，是扎实实施乡村振兴战略的重要着力点。本书拟构建金融发展理论框架下的系统化农村金融发展评价指标体系，甄别制约中国农村金融发展质量提升的关键因素，提出实现农村金融高质量发展的针对性措施和政策建议，使农村金融更好地服务于乡村产业发展、新型经营主体培育、农村人居环境改善等农业农村发展需求，达到金融推进乡村振兴的目的。

本书的研究按照提出问题、分析问题和解决问题的一般思路展开，具体分析如下：

（1）从近年我国农村金融改革出现的众多实际经济问题出发，并结合国内外相关理论研究成果和典型案例的分析，提出关系农业农村发展质量亟须解决的三大金融问题：乡村产业融资渠道单一、新型农业经营主体融资效率低和农村中小金融机构发展滞后问题。

（2）以现代金融发展理论为依据，通过分析农村金融发展质量与农业农村发展的相互关系和对金融发展质量的测度，在不同经济制度和国别背景下实施金融业改革的经验比较中，提出优化农村金融发展质量的必要性和有效路径。

（3）通过对优化乡村产业融资、提高农村中小金融机构业务精细度和差异性、创新农村人居环境资本支持的具体金融改革措施的分析，提出农村金融服务农业农村高质量发展、推进乡村振兴的实现路径和政策优化措施。

全书由六个章节组成：

第一章为农村金融发展概论，主要介绍农村金融的相关概念及中国农村金融发展现状。

第二章为农村金融发展存在的问题，主要讨论改革开放以来我国农村金融改革脉络和农村金融发展面临的问题。

第三章为农村金融发展质量与农业农村发展的关系，在第二章提出问题的基础上展开理论分析，构建解决农村金融发展问题并实现农业农村高质量发展的理论依据。

第四章为服务乡村产业发展的农村金融产品和服务创新。本部分研究涉农金融机构通过创新金融产品和服务，根据新产业新业态的特点，进行供给侧结构性改革，推动乡村产业提质增效。

第五章为服务新型农业经营主体培育的农村中小金融机构业务精细化路径。本部分研究农村中小金融机构提高业务精细度和差异性，服务新型农业经营主体培育的机制。

第六章为服务农村人居环境改善的资本市场融资创新机制。主要包括农村基础设施项目股债混合型直接融资模式、PPP项目资产证券化创新以及农村长期信贷供给模式。

本书主要特色有四点：

(1) 提出从金融行业这一中观层面分析农村金融发展与农业农村发展交互关系的研究思路。

(2) 提出通过构建金融发展理论框架下的系统化农村金融发展评价指标体系，完善金融发展理论研究的学术观点。

(3) 注重多学科研究途径的综合运用。

(4) 注重多种研究方法的综合运用。

本书的学术价值和实践价值如下：

(1) 本书选题将融资结构、证券化率等金融供给侧结构性因素纳入农村金融发展评价指标体系，研究农村金融发展与农业农村发展的相互关系，是对中国特色现代经济体系理论的积极探索。

(2) 通过构建金融发展理论框架下的系统化农村金融发展评价指标体系，发展中国特色的农村金融发展经济学研究的基本方法和理论，推进和丰富该领域的理论和政策研究。

(3) 宏观上，关于优化农村金融发展质量的研究将直接推动构建有效的现代金融体系，拓展服务于农业农村发展的多元化投融资渠道，强化风险保障和资金安全性，推进乡村振兴。

(4) 产业上，农村金融结构的优化将提高资金配置和使用效率，推动现代种养业向规模化、标准化、品牌化方向发展，推动乡村产业提质增效。

(5) 微观上，改善农村中小金融机构服务，提高农村居民收入和居民获得感与幸福感。

本书是基于吉林省哲学社会科学基金项目《吉林农村金融服务乡村振兴的方式创新与风险控制研究》(2018JD64) 的研究成果所形成的著作，为项目研究系列成果之一，受限于本人自身水平和能力，以及资料的可得性，书中难免有不足之处。本书内容是在本人近十年的研究和国内外学者、业内人士研究实践基础上总结而成的，作者参阅了各种研究报告和论文，难以一一列明，在此一并致谢，除文中注明引用出处之外，其他可见书后的参考文献。更有一些资料来自网络和内部报告，来源或作者难免出现引述错误，敬请谅解。感谢李海波教授、张作岭教授、陈智文教授、王铁锋教授、王晓杰教授、姜耀武副教授、王震教授、邢欣欣女士、孟婷婷女士等师长和朋友的大力支持和帮助。对于本书疏漏错误及不足，敬请广大读者批评指正！

丁　毅

2021年5月

目　　录

第一章　农村金融发展概论

农业是人类利用生物生活技能和自然环境条件，通过社会劳动，协调生物与环境之间的关系，强化或控制生物的生命活动过程，以获得符合社会需要的产品，并为人类创造良好环境的物质生产部门。按照费歇尔的三次产业分类法，农业是第一产业。农业是人类经济活动的最初级阶段，并长期处于产业统治地位。在英国工业革命爆发之前，农业是世界上最重要的产业。在机器大工业系统地展现其解放生产力的功能之前，所有的生产力、资源配置及生产关系变动都是围绕农业这一产业发生的。

第一节　农村金融的概念

一、我国农村金融的起源与发展

金融的产生与初始概念的形成要远晚于农业，其基本概念就是对现有资源进行重新整合后，实现价值和利润的等效流通。以价值流通为本质的金融在资源配置、信息传递两个方面对于所有产业有着巨大的推动作用。金融对农业及农村的积极作用在很早就为人们所认识到，由此产生了最朴素的农村金融的形式。最早在周代，我国就已经出现了以农村借贷为代表的农村金融行为。此后，农村金融作为一种朴素的资源配置方式随着我国农业发展及农村社会进步一直延续至今。其具体形式随着生产力的进步及生产关系的变革也发生了不同的变化。

我国农村金融的表现形式从清朝中期开始出现了爆发式的增长，出现了票号、典当、私人高利贷等各种农村金融形式，其中许多形式一直沿袭保留至今。其具体原因可以归结为三点：第一，我国封建社会发展至清朝，生产力已得到了极大的发展。此时，农业依然是我国最重要的物质生产部门，积累了巨大的物质、技术基础，农村金融作为农业重要的配套产业也随之得到了空前发展。第二，农业人口，即农村居民占据了我国大部分人口，农村社会关系的发展产生了巨大的金融需求，数量庞大的农村人口基数与因农村社会发展而蓬勃扩张的金融需求相叠加，催生了种类繁多的农村金融方式。第三，自英国工业革命之后，生产关系产生的巨大变革释放的强大生产力加上工业大生产对于生产效率的提高极大提升了西方国家的生产力发展水平，表现在金融方面，即是日益丰富的金融产品及西方金融势力对于其他地区的渗透与掠夺。在清朝后期，外国金融势力大举侵入我国，作为应对，我国也开始了对于创立新式银行的探索。这些都极大地丰富了我国农村金融的表现形式。

此后直至新中国成立，伴随着生产力关系的变革，以及长时期的社会动荡，我国农村金融进入了新的发展时期，成为广大农村居民自救及互助的重要手段。一方面，其间进步的如信托公司、交易所及新式农村信用合作社的出现都极大地丰富了农村居民的金融选择；另一方面，钱庄的发展及高利贷的盛行也说明了当时农村金融巨大的需求与有限的供给之间的矛盾。为了解决这一矛盾，自发组织的互助组织如互助会、合会开始出现于我国农村地区。在当时的部分研究中，婚丧嫁娶仪式中的份子钱也被视为募集资金的一种农村金融表现形式。直至中华人民共和国成立，我国农村金融才进入了有计划、成建制的发展阶段。

二、农村金融的概念

虽然农村金融在我国的历史悠久，但长期以来，我国农村金融一直处于有实务、无概念的尴尬境地。严格意义上讲，农村金融并不是一个具有明确法律含义的表达，甚至在经济学中也不存在关于它的确切界定。对于农村金融的外延与内涵，不同的专家学者有不同的理解与解释。

西方的主流观点认为世界各国金融体系的结构和功能都是十分复杂的，一个国家的金融体系之中存在着许多不同种类的机构，如银行、保险公司、互助基金、股票和债券中介等，不同国家这些机构在金融体系中所占的比例与起到的作用都有着完全不同的特点。就我国农村金融现实来看，在实际的金融活动中，很少有出现在农村从事股票、债券、基金、信托和租赁等相关金融活动的组织机构，农村金融可以被大体概括为以面向银行业金融组织这一基本金融主体的间接融资为主的金融活动。我国对农村金融的界定，也主要着眼于农村金融集中在农村地区这一活动区域、主要从事货币流通和信用活动、与农村经济活动具有紧密关系等特点上。中国人民银行农村金融发展课题组在《中国农村金融发展报告》中对我国农村金融的概念进行了适当的表述。在我国，农村金融一般是指在县及县以下地区提供的存款、贷款、汇兑、保险、期货、证券等各种金融服务，包括正规金融和非正规金融（即民间金融）。但值得注意的是，《中国农村金融发展报告》提到，中国人民银行农村金融服务研究小组的相关研究表明，我国农村金融服务主要由正规金融提供，因此非正规金融并没有被列为其研究对象。以下几种观点也集中反映了农村金融的相应特点：农村金融是指一切与农村货币流通和信用活动有关的各种经济活动。它是随着商品交换的发展，货币在农村领域发挥流通手段和支付手段职能所形成的一个经济范畴，是依存于农村物质资料再生产的一种货币信用关系。农村金融是农村货币流通与信用活动的总称，包括吸收农村存款、发放农村贷款、办理农村现金收付和转账结算以及发展农村信用合作等业务活动。基于相关研究的理论基础以及我国农村金融活动的现实状况，可以认为，作为市场经济条件下农村货币资金运用中信用关系总和的农村金融，是指以农村经济活动为基础，以农村为活动领域，以农业和农民为服务对象进行的货币流通、资金流动和信用活动。但值得注意的是，将农村金融限定在以银行和其他存贷款机构为主题的范围，并不意味着农村金融仅指存贷款活动。

第二节　中国农村金融发展现状

二元金融结构是指因为我们国家还处于发展中国家的发展阶段，还存在很普遍的金融抑制，在这样的背景下，我们的金融体系呈现典型的二元结构特点。即一方面是遍布全国的国有银行、商业银行和拥有现代化管理与技术的外国银行的分支网络，组成了一个有限的，但却是有组织的金融市场；另一方面则是传统的、小规模经营的非正式金融组织，广泛存在于经济的各层次。和大多数发展中国家一样，我国的农村金融也存在着正规金融体系和非正规金融体系两个部分的划分。

有关正规金融与非正规金融内涵与外延的界定并未形成统一的认识，但基本都以是否受到官方监督或者中央银行调控作为划分标准。世界银行将非正规金融定义为那些没有被中央银行监管当局所控制的金融活动。而受到中央银行和金融市场当局监管的那部分金融组织或活动一般称为正规金融组织或活动。

一、我国农村正规金融的组织形式

根据金融资源配置的主体、目标和地位，设立的目的、宗旨，业务运行机制，资产和负债结构等诸多方面的不同，金融机构可以划分为政策性金融机构、商业性金融机构和合作性金融机构三种类别。按照这一划分，我国的农村正规金融体系主要由以中国农业发展银行为主的政策性金融机构，以中国农业银行为主的商业性金融机构和以农村信用合作社、农村合作银行为主的合作性金融机构构成。

除此以外，也有一小部分其他类别的正规金融机构活跃在农村金融市场，包括在农村地区提供服务的政策性保险公司、商业性保险公司、证券公司、期货公司等。近年来，随着农村地区金融市场的发展，不同于传统金融机构模式的一些市场主体也慢慢出现，丰富了农村金融市场中正规金融机构的类型，这一部分市场主体包括小额贷款公司、小额信贷组织、典当行等。

（一）我国的农村政策性金融机构

在我国，农村政策性金融机构在农村运行的根本目的是增加金融资源对农业的供给，用以弥补商业性金融、合作性金融支持农业发展的自有资金和服务缺口，发挥政府对农村部分资源进行配置的功能。开展政策性业务需要国家政策性金融机构来执行。政策性金融支农既不同于财政支农，又不同于商业性金融支农，具有金融和财政的双重优势，在我国农村金融体系中占有特殊地位。我国的农村政策性金融机构主要是指中国农业发展银行。

2018 年是我国改革开放 40 周年，是贯彻落实党的十九大精神的开局之年。两年来，在以习近平同志为核心的党中央坚强领导下，中国农业发展银行全行上下认真贯彻落实党中央、国务院决策部署，注重保供给、补短板，多措并举服务国家粮食安全，聚焦精准助力脱贫攻坚，创新引领支持农业现代化，突出重点支持农村现代化，积极拓展多元化服务，多渠道筹措支农资金，服务乡村振兴迈出坚实步伐。全年累放贷款 1.8 万亿元，年末贷款余额 5.14 万亿元，增长 9.7%。其中，累计发放粮棉油收购贷款 2 457 亿元，精准扶贫贷款 3 893 亿元，农村基础设施贷款 7 874 亿元，农业现代化贷款年末余额超过 2 000 亿元。同时，风险防控水平显著提升，体制机制改革全面深化，科技支撑能力持续增强，全面从严治党深入推进，高质量发展实现良好开局。不良贷款率 0.8%，拨备覆盖率和拨贷比高于监管要求；坚持让利于农，贷款平均利率低于同业 123 个基点。

中国农业发展银行作为国家的政策性银行之一，经营时要考虑国家的整体利益、社会利益，不以营利为目的，但政策性银行的资金并不是财政资金，也必须考虑盈亏，坚持银行管理的基本原则，力争保本微利。中国农业发展银行的经营就是指其贷款的经营，作为政策性贷款首先要讲有偿性，使用贷款是以偿还为条件的，其次才是政策性，按政策使用贷款。政策性贷款失去了偿还性就失去了自身存在的价值，就等同于社会救济金，那么政策性银行的功能和作用就完全失去了。

（二）我国的农村商业性金融机构

独立经营、自负盈亏是农村商业性金融机构的本质。

1. 中国农业银行

成立于 1951 年的中国农业银行，是中华人民共和国成立后我国设立的第一家商业银行。1979 年农业银行恢复成立，总部设在北京，成为在农村领域内占绝对主导地位的商业银行。1994 年、1996 年中国农业发展银行、农村信用社先后与其脱离行政关系，目前是国内五家大型国有商业银行之一。

农行拥有 13 家主要控股子公司，其中境内 10 家，境外 3 家。中国农业银行着力于成为面向“三农”、城乡联动、融入国际、服务多元的一流现代商业银行。农行农村金融产品与服务主要有三大类，主要包括“三农”个人产品、“三农”对公产品和县域中小企业金融服务。

“三农”个人产品主要包括金穗惠农卡、惠农信用卡、农户小额贷款、地震灾区农民住房贷款、农村个人生产经营贷款、县域工薪人员消费贷款等。

党的十八大以来，农业银行顺应国家“三农”政策导向和我国农业农村经济发展的新变化、新特点、新趋势，以服务乡村振兴为总抓手，突出做好金融精准扶贫，不断提升“三农”金融服务水平和自身可持续发展能力。

作为国务院扶贫开发领导小组唯一商业银行成员单位，做好金融扶贫工作，是农业银行的政治责任。农行对832个国家扶贫重点县，单独配置信贷计划，逐县制定金融服务方案，落实金融扶贫专项考核，切实加大扶贫贷款投放力度。截至2019年，农行在832个国家扶贫重点县贷款投放余额9 106亿元，其中精准扶贫贷款余额3 322亿元，累计支持建档立卡贫困人口953万人。

在甘肃创新推出了由政府担保公司增信的“双联贷款”金融扶贫模式；在内蒙古创新推出了金融扶贫富民工程贷款模式；在贵州推出扶贫生态移民工程贷款产品；在安徽、山东、河北、山西、湖南等省份推出光伏扶贫贷款产品；在河北、甘肃、新疆等省份推出了面向建档立卡贫困人口的“精准扶贫贷”；在海南支持槟榔产业带动就业脱贫；在新疆、江西、贵州、广西等省份推出了林果贷、油茶贷、甜蜜贷、辣农贷、茶农贷等特色产业信贷产品。在青藏高原，西藏自治区41万农牧户中，获得农行《农牧户贷款证》贷款的有37万户，重点支持农牧民“安居工程”建设，祖祖辈辈在马背上生活的农牧民，90%住上了新房，看上了电视，用上了电话，走进了现代文明。

2. 中国邮政储蓄银行

根据国务院金融体制改革的总体安排，在改革原有邮政储蓄管理体制基础上，中国邮政储蓄银行有限责任公司正式成立。经国家上级管理和监管部门同意并批准，邮储银行又从有限责任公司变更为股份有限公司。

中国邮政储蓄银行经过多年不懈努力，已成为全国网点覆盖面最广、客户最多的金融服务机构。截至2018年11月初，邮储银行拥有近4万个营业网点，服务个人客户达5.65亿户，提供电话银行、网上银行、手机银行、电视银行等新型服务方式，服务触角遍及城乡，成为“延伸城乡金融最后一公里”的金融机构。

中国邮政储蓄银行充分依托覆盖城乡的网络优势，不断丰富金融产品，不断完善营销渠道，不断提升服务能力，坚持服务“三农”、服务中小企业、服务社区的定位，把金融服务从传统的储蓄、汇兑、代收代付等业务，延伸到存单质押贷款、小额贷款等零售信贷业务，通过资金市场业务、银团贷款等批发性资金运用业务，为农村基础建设提供资金，还开办了个人商务贷款、住房贷款等业务，满足了广大农户的融资需求；为了适应县域和农村市场上客户缺乏有效抵、质押物的情况，推出了农户和商户的联保贷款、保证贷款等产品。

服务方式上，邮储银行在全国率先试点农村手机支付业务，依托网络优势和信息技术，为农户提供基础金融服务。在广东、上海、浙江等经济发达地区，邮储银行非常重视农民工汇款结算的服务质量。由于农民工汇款时间比较集中，采取了增加服务台位、延长服务时间、主动上门进厂服务等措施，尽量减少农民汇款的等候时间；还针对农民工推出了预约汇款、电话汇款等新的服务。

3. 地方性农村商业银行

除了中国农业银行和中国邮储银行外，地方性的农村商业银行也是我国农村金融市场中商业银行的重要组成部分，这里所称的地方性农村商业银行，是在农村合作银行和农村信用合作社改革和发展的基础上建立的商业银行，一般设立在农村经济发展水平较高的发达地区，如首批成立的张家港市、常熟市和江阴市农村商业银行。

（三）我国的农村合作性金融机构

农村合作性金融机构的主体相对复杂，主要包括农村合作信用社、农村合作银行以及村镇银行、贷款公司、农村资金互助社等新型农村金融机构。其中，农村信用合作社是最主要的组织形式，也是分布最为广泛、法人机构和从业人员最多的农村合作性金融机构。农村合作银行在性质上可以定位为股份合作制社区性地方金融机构，其主要任务是为农村经济的发展提供金融服务。所谓股份合作制是在合作社的基础上，吸收股份制运作机制的一种企业组织形式。

二、我国农村非正规金融的组织形式

我国农村非正规金融的产生和发展在相当程度上取决于外在因素即金融抑制以及由金融抑制导致的政策扭曲。一方面，对国家银行信用的片面强调导致在金融安排上产生无视民间信用的缺陷；另一方面，农村正规金融供给不足与农村经济资金需求高涨之间存在着严重的不对称，催生了农村非正规金融的产生和蓬勃发展，使其成为农村资金融通的重要渠道。

（一）农村合作基金会

农村合作基金会是由农村集体经济组织和农户进行的自下而上的内部融资尝试。以社员股金、集体资金、储蓄存款和相关的扶持资金为其资本来源，以社区内集体经济组织、乡镇企业、各种类型的社会化服务组织、承包户、专业户和农户为主要服务对象，由原农业部管辖其经营组织。农村合作基金会具有强大的内生性，在很大程度上缓解了农村资金供给不足的矛盾。在后续的发展中，由于农村合作基金会朝银行化的方向发展，违背其合作基金的互助宗旨，出现大范围的挤兑风险，最终导致被国家明令清理关闭。

（二）民间借贷

民间借贷是农村非正规金融的主要形式，更多地表现为农村居民个人之间、个人（含私营企业主）与民间金融组织之间的货币性借款融资，具体组织形式主要有合会、钱庄、无息借款、高利贷等。

第二章　农村金融发展存在的问题

改革开放后，我国农村金融改革是一场围绕着更好地适应农村发展需要，更好地服务于农业发展和满足“三农”信贷需求为目标的、全方位的、多层次的改革。其中，正规金融体制改革的核心目标是重拾农村金融供给主体并重构现代农村金融体系。

第一节　改革开放以来我国农村金融发展脉络

一、农村金融改革背景

一般来说，农村金融体系主要包括民间借贷，信用社，农村商业银行，国家政策银行和混合信贷机构等几种模式。改革开放以来，农村金融体系改革主要经历了三个阶段，这个过程中的一系列改革旨在配合整个经济体制改革的顺利进行，促进农村经济和金融领域的发展，具体而言：

第一阶段：1979—1993 年。在这个初始的阶段里，主要的改革措施和政策方案主要是使金融机构组织体制得到恢复和建立，形成多元化和有竞争力且体系完整的农村金融市场组织。包括：①1979 年恢复中国农业银行，改变传统经营目标，明确支持农村商品经济，提高资金使用。②随着人民公社制度的崩溃，农村信用社也恢复了合作金融组织的名誉地位。合作社的农业信贷不是中国农业银行的基层机构，而是受中国农业银行的管理。③放宽对民间信用的控制，允许民间自由借款，允许建立民间金融组织，如 20 世纪 80 年代末在四川省首先建立的农村信用合作基础。在允许建立一些农业企业的金融公司时，企业集资非常活跃。④多种融资方式并存，涵盖了各类型资本工具，诸如存款，贷款，债券，股票，基金，现金，信托，租赁等金融资产形式。

第二阶段：1994—1996 年。在第一阶段改革的基础上，这一阶段明确了改革的目标和理念的革新，提出了明确的农村金融发展方向，即建立能够为农业和农村提供及时有效服务的金融体系，助力农村经济发展。更具体地说，这个农村金融体系包括主要为工商企业服务的商业金融机构。20 世纪 90 年代中期，中国首先提出了农业、农村和农民问题。所谓“三农”是指农村、农业、农民三大问题。事实上，新中国成立以来，农业、农村和农民问题就一直存在。由于我国农民数量庞大，“三农”问题长期积累，难以准确预测解决这一问题的规模、难度和影响。其中，在解决“三农”问题时，必须提出农村金融自治问题。

第三阶段：1997 年以后。随着“三农”问题的不断解决，我国农村金融自治逐步发展。中国农村金融发展从 1978 年党的十一届三中全会开始，经过 40 多年的改革，取得了长足的进步。2004 年，中共中央、国务院联合发布了 1 号文件，指出鼓励个人在严格监管下，可以有效防范金融风险，利用吸引外资和社会资本，建立服务于“三农”的金融所有权类型。但金融监管和法律规范在这一时期仍缺乏相应的规范性和系统性。2005 年，国务院发布了《关于深化经济体制改革的意见》，提到了新农村合作金融组织的发展。《农民专业合作社法》又在 2006 年发布，从法律上对农民专业合作社的合法地位与权利进行保护，促进了农村金融的发展。同时，2006 年中央 1 号文件启动了一个具有里程碑意义的事件，正式提出“引导农民发展资金互助组织”，这样的新名词和新组织在当时的农村出现可谓“惊天动地”。经过政策和实践的磨合，终于在 2007 年，政府实施了农村金融市场准入政策，决定在湖北、内蒙古、四川等 6 个省开展试点，此后，农村互助合作组织具备了法律意义上的银行业金融机构身份，得到国家法律层面的认可，国家支持和肯定这种由农民自发创建的互助组织开始积极推广，这表明，在中国正式的金融体系之外，还形成了真正的合作金融体系。2008 年 10 月 17 日，全国人大第三次全体会议形成决议，“允许发展合作社信用合作”，这进一步明确了中央对农村改革的重视及对改革价值的认可，是建立新型农村合作金融的必然选择，是动员千百万农民进入改革的动力源，会议通过了《中共中央关于推进农村改革发展若干重大问题的决定》，发展农村商业保险业务得到全面支持和鼓励，提倡农业生产组织和个人相互合作，加快发展农民专业合作社。中国银行业监督管理委员会发布《关于做好农民专业合作社金融服务的意见》，意味着农村金融优势得以发挥，促进农业生产，更有利于农村合作社的稳定发展。2010年中央1号文件强调要加强农村金融政策与财税政策的有效衔接，切实解决“三农”融资困难问题。各级地方政府积极配合并改善政策，即县和地区银行业金融机构的新存款主要用于发放本地贷款。这一政策将进一步促进城乡经济一体化发展。

二、农村金融的供需分析

对于农村来说，村民们所需的资金会随着季节而改变，并且金额数量并不大。这些特点导致了农村贷款的风险较大，且利润不多。加上成本较高，商业银行较难对农村批准贷款。在缺乏资金和缺乏有效融资渠道的情况下，农村对金融产品的需求大于金融机构的供给，随着农村金融机构的退出，加剧了农村金融的供需矛盾。政策性金融机构对农村地区的扶持政策也非常有限，无法满足农村经济发展的巨大资金需求。由于农业保险需要大量资金，周期较长，风险较高，农村保险公司的保险业务几乎处于退步阶段。中国的农村金融体系使农村经济发展难以取得重大进展。农村金融机构的金融产品相对简单，金融机构无法开发更合适的金融产品来吸引客户，也不能满足农村的需求。农村金融市场存在严重的“权钱交易”和“人为交易”，导致农村金融机构资产配置不合理。许多金融机构在农村设立分支机构的主要目的是开展存款业务，国有商业银行从农村吸收存款每年数百万元，借钱给经济效益较好的城镇地区，如中国邮政储蓄银行吸收了很多从农村获得的资金，赚取利差。结果，农村闲置资金大量流入城市，农村发展资金严重不足，制约了经济发展。

在农业经济发展中，充足的资金支持作用非常重要。在发达国家，有很多各种类型的资金进入到农业生产当中，而政府财政的投入所占的比重也非常大。

在市场经济环境下，政府对农业行业的政策支持对农民人均纯收入的增加、农民利益的保护以及市场秩序的维护有着重要的作用。一般来说农业预算是政府对农业支出的主要方式，农业支出包括了农业科学研究、农业技术推广、农产品加工控制、农业保险以及农产品出口信贷等多个方面，另外还包括了农村社区的发展、农产品检验以及相关单位和部门的活动经费。

随着市场经济的快速发展，农业经济发展主要的支持方式也逐渐转为信贷支持。特别是在美国农业当中表现得非常明显，完善的金融市场为美国农业的发展提供了充足的资金支持。在农业生产过程中，很多持续时间较长、意义重大的活动，例如农业规模的变化、专业农民的培育、现代化农业生产技术的引用、市场协调等方面的投入都已经纳入到金融信贷系统当中。

当前我国的农业信贷系统包括了以下方面：①政府提供的农业贷款。首先是政府的保证性贷款。这类贷款包括了保证的贷款和被保险的贷款两种。这种贷款一般是有相对固定的使用方向，其利率要低于商业贷款，偿还期相对较长，主要用于农业发展。②农村商业银行和其他商业金融组织贷款。作为唯一的由政府赞助的与农业信贷有关的机构，农业信贷体系主要发挥了商业银行与农业生产组织之间的连接作用。③保险公司。对保险公司来说，其具体的职责是规避农场主的生产经营风险，减少收入的波动。在农业信贷资金的来源中，私人与商业金融组织所占的比重较大，这与我国当前的经济发展环境是相适宜的。

农民自身的经济投入也是农业生产的一个组成部分。对于现代农业而言，由于规模经济和产业化发展的要求，新型农业经营主体将逐步成为农业投入资金的主要来源，其获得的土地承包经营权（大部分通过土地流转取得）将有效扩大农业经营主体的自有投入。一般来说，社会组织在农业方面的投入主要为农业水利设施的债券购买方面，因为有些大型的水利建设资金是通过政府发行债券的方式取得的。所以一些社会组织会根据收益的具体情况，通过讨论与协商研究等方式承担起一部分债券或者资金。

第二节　农村金融发展面临的问题

在近40年的农村金融改革过程中，我们取得了巨大的成就，但需要面对尚未解决的问题还有很多，其中农村金融本身造成了一部分的问题，还有一些问题是在改革过程中形成的，体现在各个方面。其中，农村金融市场不完善的机制的基本矛盾尚未完全解决，新的供给和需求结构的失衡造成的农村金融需求的结构性变化，以及农村金融市场容量的扩张和疲软的经济基础支持系统之间矛盾仍然突出。

我国很长一段时间以来的农业投资主要受到政治因素、政策法规以及自然条件等因素的影响，与农业自然生产的方向相背离，这就严重地制约了农业经济的稳定和健康发展。另外在农业生产的波动过程中也大大浪费了农业生产资源。由于农业投资的总量波动较为频繁，造成农业投资的目标不太明确。在农业投资结构中，从农业生产的发展规律与发展实践来看，农业投资中对固定投资与流动投资的比例要大于1/3，如果固定投资的总额没有达标就会造成很多问题。首先是农业抗逆能力的降低，导致农业抵御自然灾害和风险的能力降低，主要表现为农业生产基础设施的老化，不能适应现代农业生产的需要。我国的农业投资结构变化呈现出上述特点主要是由于农业发展的制度成本增长过快，主要原因在于农业投资的均衡性较差。特别是在我国当前经济转型发展过程中，农业投资需求缺口也越来越大。

对我国的农业发展资金需求来说，资金供给量缺口非常大。但是，有限的投入资金也表现出了资金流失和资金不到位的现象。在资金流失中主要是农业资金投资主体的非农业化情况较多。特别是在地方政府的农业资金投入与中央农业资金投入的重点有所偏移，农业资金在非农领域的投入较多。另外则是农业资金的挪用和截留现象仍然存在，由于农业生产本身的覆盖面是非常广的，很多农业资金一旦超出范围就会出现杀鸡取卵的情况，造成农民投资能力的缺乏。另外，由于农业分配资金缺乏合理性，在具体的资金分配中没有按照规范化操作进行，国家财政中的农业支出真正用到生产一线的比重较小。

农业投资在使用方面受到的影响是多方面的，而这里主要的因素是农业投资产生效益的弱化甚至没有效益产生，这对农业投资的影响是非常大的。当前由于我国农业投资整体环境问题较多，主要是从计划经济体制向市场经济体制转型过程中，相关法律法规政策建立不及时、组织机构不健全、不完善，在生产资料的价格方面波动起伏较大，农民自身购买力有限，造成购买假冒伪劣产品情况时有发生。另外，由于农民自身文化素质较低，在农业资金使用效率方面问题较多，也影响了农业生产力水平的提高。

农业总投资中研究和推广方面的投资所占比重较少，而且由于农业研究与生产实际脱离，这一情况也制约着农业的可持续发展。通过对发达国家农业生产发展历程进行分析发现，农业设施方面的投资对农业生产的基础来说是非常重要的，农业科技与推广方面的投资比重也是影响农业生产发展的重要因素，投资额度的大小决定了国家农业发展的深度与广度。

在农业投资中，农业投资机制是影响农业投资活动的主要因素，对投资主体、来源、管理模式与组织方式都有着重要的影响。它同时也是农业投资的筹措、配置、使用与回收等运行方式的主要运行框架。其组成包括了投资的主体结构、运行机制以及管理体制等三个方面。我国当前的农业投资机制在管理方面还不太成熟，特别是在市场经济转型发展过程中也逐渐出现了一些问题。

当前，我国的农业投资模式仍然保留了传统计划经济体制的影子，在管理过程中主要依靠行政管理为主，实行集中化、统一化管理。在农业投资的分配中缺乏客观具体的分析，忽略了国际和国内市场环境的变化所产生的影响，在投资的方向上受到人为主观影响较大，这也造成了农业投资供给的频繁变化，进一步造成了农业生产的波动。因为，在农业投资改革中起步相对较晚，而且并不是主动发起的改革，所以，与农业投资相关的组织管理部门在职能的界定、管理方式以及主要的目标中并没有明确细化，市场资源配置的渠道相对单一，在管理方面以行政管理为主，缺乏灵活性，因此，也会产生目标与手段的不对称，造成“十三五”以来我国的农业投资变化较为剧烈，在上升与跌落中反复起伏。这种情况也造成了农业投资配置效率不高，带动效应较弱。

在政府内部，由于投资管理的各个环节被分割，就造成了权利、责任和利益的分离。不同的组织部门职能不同，计划部门主要负责分配和项目的决策，生产部门主要负责投资的经营与存量的调整，而行政部门主要负责投资的回收，各自为政。这种管理模式极大降低了资金的使用效率，资金使用者与管理者之间缺乏必要的利益制衡机制。管理部门不承担相应的责任，造成责任感缺失，在政策制定过程中缺乏科学合理的研究，导致抗风险能力弱，投资效果较差；因为没有明确投资管理的具体责任，导致在投资决策的制定与总量分配方面随意性较大，时常会出现投资不合理与失衡的现象，严重影响了投资的使用效率。由于传统的投资机制只是单纯地追求规模大小，在投资产生的效益、进度、建设质量等方面缺乏必要的监管。而且由于受到分税制的制约，中央财政的支农资金占比要远大于地方财政占比，但是这种情况就进一步弱化了地方财政对农业投资的影响，对地域范围内农业投资的效益影响较大。

第三章　农村金融发展质量与农业农村发展的关系

服务对象单一、服务方式趋同且不精细、市场分层不充分是制约中国农村金融发展的主要现实问题。本章旨在建立解决这些问题并实现农业农村高质量发展的理论依据。本章在回顾相关研究文献的基础上，基于金融功能理论，使用主成分分析法（PCA）构建系统化农村金融发展评价指标体系，基于该评价指标体系测度中国农村金融发展质量，并建立基于金融功能视角的金融结构改革理论。

第一节　农村金融功能研究进展

社会主义新农村建设需要金融支持与发展。改革开放 40 多年以来，国家不断出台相关政策，减少农村地区银行的限制，并成立了许多新兴的农村金融机构。鉴于农村金融机构的一般特征，新农村金融机构的特殊情况，我国新农村金融机构风险产生机制和传导机制的学术研究可以总结到风险这一方面。“世界上大多数人都是穷人，所以如果我们了解穷人的经济，我们也了解许多真正重要的经济原则，世界上大多数穷人以农业为生，如果我们知道农业经济学，我们也知道许多穷人的经济学。”西奥多·舒尔茨这样说道。王秀华作为村镇银行的负责人，他不断研究农村的金融制度，指出农村银行的主要发起人过少，过于简单，农村基础设施薄弱和政策支持不足，可能会给一些农村银行带来潜在风险。王力和侯景波（2016）指出，农村银行内部管理不健全，市场目标过于单一。而新型农村金融机构的特点是注册成本资金不高。新农村金融机构的资本金要求和过度设立要求与其他金融机构相比，要低得多。小额贷款公司注册资本要求不低于 50 万元人民币。县（市）设立农村银行的注册资本不得少于 300 万元，乡

（镇）设立农村银行注册资本不得少于100万元，乡镇设立的农村共同基金合作社注册资本最低限额为30万元以上，行政村设立的农村共同基金合作社注册资本最低限额为10万元以上。农业本身的弱点使农村银行面临更大的自然和产业风险，许多金融家从农业产业的特点进行了研究，探究了关于小规模贷款公司的风险。小规模贷款公司和农业金融风险是其中的主要风险。不少投资者认为资本流动性风险和信用风险同样不可忽视，跟进资金、制度漏洞、缺乏利息管理是小型融资公司面临的主要风险，是其可持续发展的最大障碍。当前农村金融在社会的法律立场不明确，风险管理能力薄弱，可持续性开发面临挑战。

通过现有的研究，发现农村金融有以下两个特征。首先，研究不够详细，研究内容过于肤浅。其次是对农村金融机构的风险预防研究不够深入，实用性不足。在舒尔茨的《经济增长与农业》中提到了许多农村经济方面的问题。资本主义社会认为，为了缓解金融危机，必须加大物质资本投资，吸引外资，调动国内储蓄。但舒尔茨认为，经济发展的关键因素不是物质资本，而是生产技能。在他看来，发展中国家的农业落后但效率高，不可能通过现有资源的重新配置来提高农业生产力，增加农业产量。把传统农业改造成现代农业，只有引进新的生产要素。此外，在这一时期，绝大多数发展经济学家认为，农民的行为是反常的，供给曲线是逆向的，而不是对价格等刺激做出正向反应，而是做出相反的反应。舒尔茨不同意这种观点，他从理论和经验上论证了农民与其他人一样，是理性的，对价格等刺激具有敏感反应。舒尔茨强调，对发展中国家的真正援助是技术和智力援助。

一般来说，在当前世界经济增长过程中，与农业有关的技术经济条件有三种不同类型。我们更倾向于传统农业。但是总的来说，传统农业投资的边际回报很低。由于现代化进程的不断推进，传统农业领域存在着巨大的不平衡。尽管一些国家农业人口占劳动力总数比例明显下降，但剩余劳动力仍然是农业部门的一个特征。高收益、低风险的农业投资者来自于适用于农业生产的科学知识的进步，在世界范围内，这种风险收益特征存在着巨大的不平衡。在很大程度上，大多数贫穷国家仍然没有这种投资者。为了减少和消除这种极其重要的投资不平衡，有必要把农业金融研究和推广作为一种生产活动，并形成应用经济学的基础研究对象。我国作为WTO的成员国，应不断学习西方银行公司治理，吸收西方先进的管理经验。但一味西化也存在着一定的弊端，中国金融市场的竞争愈演愈烈，机遇与挑战是并存的。中国长期存在着二元经济体制的结构性缺陷，这导致城乡金融体系产生差异。城乡二元化导致了农村金融发展的规模、结构和效率，城乡之间也存在很大差异。中小型银行间，包括农村信用合作社、农村合作银行、农村商业银行、其他农村金融机构的数量少，也很分散，但由于一些历史原因和监管体系的不完善，特别是经济体制的特殊性，金融机构高级管理层责任权利不对等，公司治理不完善，监督没有达到指定的要求，战略规划和绩效评估也不科学，迫切需要进一步加强党的领导和党的建设等。在缺乏有效融资渠道的情况下，农村对金融机构的需求大于金融机构的供给。随着农村金融机构的退出，加剧了农村金融机构的供需矛盾。政策性金融机构对农村地区的扶持政策也非常有限，无法满足农村经济发展的巨大资金需求。由于农业保险需要大量资金，周期较长，风险较高，农村保险公司的保险业务处于退步阶段。中国的农村金融体系使农村经济发展难以取得重大进展。

中国人民银行研究局原局长谢平于 1992 年发表《中国金融资产结构分析》一文，开启了国内研究金融发展的热潮，开始涉足“金融发展与经济增长关系”的研究。受国外成熟理论及前沿实证分析方法的熏陶，国内研究从初始就延续了分层次研究金融体系、构建相关衡量指标等现代研究模式。国内学者有的选择研究中国的金融发展与经济增长，切入点又可分为从全国范围出发和从各省市范围出发，通过对比分析、回归分析等实证方法进行研究，进而为指导中国金融发展提出政策建议；有的选择研究世界范围内的金融发展与经济增长，通过实证检验，总结发达国家成功经验以及其他发展中国家的教训为中国金融发展进言献策。

谈儒勇（1999、2004）通过对我国 1993—1998 年商业银行、股票市场相关的经济变量、通货膨胀、进出口贸易总额等控制变量进行 OLS 回归分析，得出商业银行与经济增长、股票市场为代表的资本市场与经济增长、商业银行与资本市场的关系，认为商业银行对经济增长有推动作用，但需谨慎对待银行发展过程中集中度较高的问题；中国股票市场仍处在初级发展阶段，规模、功能尚未成形，无法得出其与经济增长关系的有效结论；金融发展理论非但不应拘泥于金融机构与金融市场的替代性研究，而是大力促进两者在规模、功能及运作效率上的发展，从而更好地服务于经济增长。2003年，单俏颖发表的关于金融发展与经济增长因果关系的论文中选择协整和格兰杰因果检验进行实证分析。战明华等（2002、2004）将商业银行储蓄总额、企事业单位资产作为金融机构衡量指标，将居民持有有价证券总量、证券发行总量作为金融市场衡量指标，进而得出金融机构、金融市场与经济增长的相关关系，实证结果表明金融机构对于中国经济影响更为显著。赵振全等（2004）也得出“信贷市场与经济增长相关性显著，股票市场显著性不足”的相同结论。王志强等（2003）、谢佳（2010）通过选择金融规模、结构相关变量，选择不同实证方法，论证了金融发展与经济增长的双向因果关系。与上述文献结论不同，庞晓波等（2003）与赵振全等（2007）实证结果表明股票市场与经济增长的相关性不显著。其中，赵振全等（2007）在Odedokun（1996）理论基础上，利用多元门限回归模型分析金融发展与经济增长的关系，表明我国金融发展与经济增长在规模层次上相关性不明显，仅以反映股票市场活跃度变量作为门限变量时，两者非线性关系显著。

以戈德史密斯为代表的金融结构论认为，研究金融发展与经济增长关系的首要工作是研究决定金融发展的本质因素，并主张金融发展水平是由金融结构所决定的。戈德史密斯于1969年出版《金融结构与金融发展》一书，书中用GDP替代原有复杂的指标国民财富（Wealth），作为衡量一国经济活动总量的变量，提出“简化的金融相关比率（FIR）”，即金融资产总值/GDP，用于量化金融发展水平的指标，标志着“金融发展指标体系构建”研究的开始。书中通过利用国际横向比较和历史纵向比较相结合的方法对35个国家（其中发达国家19个，发展中国家16个）近100年的相关信息，每10年进行一次回归分析，认为金融发展与经济增长存在正相关关系。规模层面上，金融体系通过扮演储蓄和投资的中介的角色，促使投资与储蓄相匹配，从而促进经济增长；结构层面上，金融资产和金融机构的存在形式、相对规模的差异标志着一国金融结构的差异，从而导致经济发展水平及增长速度的差异性。因部分数据缺失，戈德史密斯未能构建合适的模型去衡量金融结构变动对经济增速的影响，仍是一种建立在规模层面上的金融结构理论，也未对金融发展与经济增长两者的因果关系深究。但该书的研究思路及本质思想为后来金融深化论和金融抑制论的诞生奠定了基础。

莱文在做相关研究时发现，具有相似金融服务水平的不同国家却显示不同的增长率，因此大胆提出“法律体系或政府政策差异也会影响金融发展水平进而影响经济增长”。莱文于1998年发表《法律环境、银行与长期经济增长》及1999年发表《法律体系、金融发展与经济增长》，在法律及监管设置、运作效率及信息披露能力差异下，研究金融发展与经济增长的关系，认为当法律及监管体系给予投资者（领导者）更好的收益优先获得权等财产保护时、法律能较为有效地保证契约（包括政府契约）履行时、较强的信息披露能力时，金融发展水平越高；同时实证结果表明，上述外部性因素对经济增长具有正效应，从而印证了“金融法系论”的观点。

莱文、诺曼罗扎（Norman Loayza）和贝克（Thorsten Beck）（2000）在莱文研究的基础上开始因果关系研究，认为法系完善稳固金融发展，进而促进经济增长。法与金融学（LLVS）的系列研究致力于应用金融经济学和计量经济学分析和探究法律与金融的关系，进而与经济增长的关系，引入一套完整的衡量法律层面的指标体系——股东权指数和执法效率指数，学术界成为LLVS指标。该段时期也是金融发展指标体系研究进展最快、研究结果最为理想的时期。指标体系考察范围由银行业延伸至整个金融市场参与主体，再延伸至与金融相关法律及政策，与金融发展理论一脉相承。

近年，农村资产证券化相关研究在中国方兴未艾。农村基础设施具有公共产品的基本特性，它的建设和发展与政府投资密切相关。西方的公共财政理论强调靠“看不见的手”来自动调节经济，国家扮演宏观调控监管的角色，市场失灵直接导致了公共财政的存在，以市场调控为主的经济运行方式才是健康的、符合经济发展需要的方式，而在那些市场调控难以进行或无法把握的领域，才需要政府的适当调节和干预。

项目融资作为一种新的融资方式，可以将其定义为以项目资产、预期收益、权益为抵押，采取无追索权或有限追索权的一种融资或贷款方式。项目融资模式多种多样，根据农村基础设施的特征，这里主要介绍一种PPP（Public and Private Partnerships）融资模式。PPP又称为公私合作伙伴关系，指政府与私人组织之间，为了提供某种公共品或服务，以特许经营权协议为基础，彼此间形成一种伙伴式的合作关系，通过签署合同来明确双方的权利和义务，并以此确保合作的顺利进行，最终达到比单独行动更好的结果。PPP 模式在项目融资中的应用是多种多样的，主要包括：①出售模式，即政府以特许经营权等方式将基础设施出售给私人组织，私人组织通过向用户收费的方式来收回收购时的成本及运营过程中产生的费用。②租赁模式，即政府建成基础设施后，将其出租给私人组织，私人组织通过向用户收取费用来回收成本及获益。③建设—转让—经营模式，即由私人组织建设基础设施，建成后将所有权转让给公共部门，私人组织获得该基础设施 20～40 年的经营权限，在该期限内通过向用户收费等方式回收成本取得收益。利用 PPP 模式建设基础设施，无论是公共部门还是私人部门都将获得一种扩大效应。通过 PPP 模式建设基础设施项目，公共部门可以得到更多资金支持和技术支持，这将会使公共部门的总产量曲线（具体表现为基础设施的建设规模）向外平移，从社会福利学角度讲这无疑使公共部门的效应扩大了。通过 PPP 模式建设基础设施项目，对私人组织而言就是一次市场需求扩大化的过程，市场需求曲线平移，由于市场供给曲线在短时间内不能变动，市场短期均衡点上移，价格上升，市场做出反应，市场供给增加，需求量增加。

第二节　农村金融发展评价指标体系

对于“金融发展与经济增长的关系”的讨论，最早的理论研究可以追溯 1873 年，Bagehot 基于对英国工业化的历史考证，得出英国工业化中最重要的催化剂是银行为工业企业提供的融资。20 世纪 50—60 年代，第二次世界大战结束，独立国家踏上工业化发展道路，现实经济中暴露的种种问题使得“经济增长与金融发展内在关系”的讨论深受相关学者关注，金融发展理论继而形成。随着金融发展理论的不断发展，“金融发展与经济增长内在关系”也逐步明晰，但目前各家所持观点仍存在很大分歧。根据现有的国内外文献，当前金融发展与经济增长之间的联动机制归纳起来有四种不同的观点：①金融发展是经济增长的结果之一（Greenwood & Jovanovic，1990；Hasan I.，P. Wachtel & M. Zhou，2009）；②金融发展促进经济增长（R. W. Goldsmith，1969；King R. G. & Levine R.，1993；林毅夫、孙希芳和姜烨，2006）；③经济增长与金融发展相互独立（Change T.，2002）；④经济增长与金融发展互为因果（Hugh Patrick，1966；Broensztein E. &

J. D. Ostry，1996；陈军和王亚杰，2002）。

另外，很多文献仅揭示了经济增长与金融发展之间存在相关关系，并未就其因果关系作进一步论述（Guley John G. & Shaw Edward S.，1960），但笔者认为其思想及研究角度仍值得深究和借鉴。

在金融发展理论的演化过程中，自然延伸出构建金融发展指标体系的研究。相关文献对于“经济增长”几乎都选择“实际 GDP 增长率”“全要素生产率增长率（GTFP）”等变量作为衡量指标；对于相关控制变量，也大多选择了内生变量（资本产出比率等）、外生变量（人口、就业人口等）、外部指标（外商直接投资、汇率等）、制度因素（政府有效性等）；然而，对于“金融发展”的变量选择，学者们各有设定。金融学家认为，对于“金融发展与经济增长的关系”的研究结论之所以无法统一，更多的原因在于金融发展衡量指标构建上，“构建金融发展指标体系”的研究也成为目前的研究热点。

一、数据和变量说明

（一）数据说明

本节采用的数据分别来源于世界银行 World Development Indicator（以下简称 WDI）、Financial Development Structure Dataset（以下简称 FDS）、Doing Business Dataset（以下简称 DB）、Global Financial Development Database（以下简称 GFD）以及世界经济论坛 Global Competitiveness Indicator（以下简称 GCI）。其中：WDI 涵盖 115 个国家和地区在 1960—2014 年关于各国和地区“政治、经济、宗教人文”等方面共计约 599 个变量的数据。FDS 涵盖 209 个国家和地区在 1960—2013 年，关于各国和地区“金融中介深度指标、银行金融系统相关指标、保险效益指标、股票及债权等资本市场相关指标及外资（离岸）金融市场相关指标”，共计约 31 个变量的数据。DB 涵盖 183 个国家和地区在 2004—2014 年间关于各国和地区“商业进入门槛、行政许可门槛、获取电力能力、财产登记门槛、信用获取门槛、投资者保护程度、税收成本、契约履行成本、对外贸易成本及商业退出门槛”，共计 10 个分类、近 50 个变量的数据。GFD 涵盖了在研究中最为常见、较为权威的 115 个金融指标，对 217 个国家和地区在 1960—2013 年间数据进行统计。GCI涵盖140个国家和地区在2004—2014年间关于各国和地区“制度、基础建设、宏观环境、健康及基础教育、高等教育及培训环境、产品市场有效性、劳动市场有效性、金融市场发展、技术成熟度、市场规模、商业经济复杂性、创新性”，共计12个分类、近120个变量的数据。

本节从上述五个数据库中共选择26个变量作为构建金融发展指标体系的分层变量。从WDI选择M2/GDP作为衡量商业银行金融市场规模性的指标。从FDS共选择11个变量，其中，选择“商业银行资产/GDP”“商业银行结构”作为衡量商业银行金融市场规模性的变量；选择“破产概率”作为衡量商业银行金融市场稳定性的变量；选择“私人部门贷款”“存贷比”作为衡量商业银行金融市场运作效率的变量；选择“股票市值/GDP”“人均上市公司数量”“非政府债权发行市值/GDP”“政府债券发行市值/GDP”作为衡量非银行金融市场规模性的变量；选择“股票交易市值/GDP”“股票市场换手率与流动性”作为衡量非银行金融市场流动性的变量。从DB共选择2个变量，其中，选择衡量与商业银行金融市场运作效率相关的2个变量，即政府信用系统覆盖率、私人信用系统覆盖率。从GFD共选择3个变量，选择“前五大银行市场集中度”作为衡量商业银行市场规模稳定性的变量；选择“保险公司资产/GDP”作为衡量非银行金融市场规模性的变量；选择“股票价格波动性”作为衡量非银行金融市场稳定性的变量。从GCI共选择9个变量，其中，选择衡量金融政策及法制因素下金融政策和法律因素的全部指标，包括政策执行效率、政策透明度、政策维稳性、少数投资者保护力度、法律体系保护指数7个变量；选择与商业经济环境中成长成本有关的3个变量，包括行政监管负担、企业家精神、社会责任。

本书参考世界经济论坛（2015），选择其中较为有影响力的51个国家和地区2的年度数据作为样本，因受GCI中政策维稳性、少数投资者保护力度从2004年才开始统计的限制，目前可得性相关数据在2004—2014年间。对于个别缺失的数据，本书考虑变量性质采取插值法或移动平均法进行了补齐，共计561个样本点。尽管目前只有10年数据，本书选择时序全局主成分分析法规避截面数据的有限性，但日后可逐年测算和更新基于该综合指标体系下的金融发展水平，待界面数据足够时，可单独分析各国取得更为客观的金融发展指数，所以仍具有现实操作性。

（二）变量说明

为方便说明，表3-1列明本书构建农村金融发展指标体系中所涉及的指标。

1. 第一层次变量

第一层次变量即农村金融发展水平边界的确认。作者认为在界定农村金融发展指标体系边界时，不能仅仅拘泥于银行中介、资本市场这些传统变量作为指标体系构成。现实经济中，农村经济环境是否活跃直接影响了金融中介有效发挥媒介功能，进而体现出不同水平的金融发展层次。并且金融法系论的相关研究证实（莱文，1998），金融政策的执行效率以及时机适合性、法律体系对金融体系的保障程度也直接影响金融体系的正常运作。与此同时，作者也认为边界界定不可过于宽泛和微观，也不可具有特殊性，比如有些文献曾考虑宗教（Stulz & Williamson，2003）、二元金融结构（江源、谢家智，2013）等社科人文因素作为衡量金融发展水平的指标。虽然从逻辑上看，微观指标一定程度上通过金融参与者的行为影响金融体系运作，但作者认为上述因素属于间接影响且大样本后可忽略个体差异。

因此，本书对于农村金融发展的界定从宏观角度出发，借鉴King和Levine（1993）提出的商业银行金融市场因素；Levine和Zervos（1996，1998）提出的非银行金融市场因素；Levine（1998，1999）及LLVVS提出的金融政策及法律体系、经济环境因素。上述四个方面作为第一层次指标。

2. 第二、三层次变量

（1）农村商业银行金融市场

农村商业银行通过传统和创新业务，减少市场中的信息不对称性，提高借贷需求匹配效率，降低交易成本，直接促进经济运行效率；在相关法律法规监督下及在货币政策的要求下，实现资本有效配置，产业结构间接得以优化，进而推动实体经济发展。关于金融发展理论萌芽期的研究结果，对于“规模水平方面的因素作为商业银行金融市场的衡量指标”得以广泛认可；在成熟期及后续研究阶段，侧重于稳定性及效率性方面的指标又常常被引用到实证分析的变量选择中。因此，作者选择农村商业银行的规模性、稳定性及效率作为构建农村商业银行金融市场的主要考虑方向。本书在规模性层面从货币量与GDP（Shaw，1973）、农村商业银行资产总额与GDP3的比值反映银行体量对经济的直接效应，之所选用农村商业银行资产/（商业银行及中央银行）这一指标，是考虑货币政策对农村商业银行规模的限制性；在稳定性层面，作者引入产业经济学经典指标及刻画既得利益集团的测度指标，选择 Z-Score 银行指数（破产概率）以及传统市场竞争程度指标，其中前五大农村商业银行市场集中度为负向变量；在运作效率层面，选择存贷比（谢佳，2010）考量银行负债利用率，选择私人部门贷款/GDP 考量银行对实体经济的促进作用，选择“信用覆盖率”（张思成，2012）考量银行运作过程中信息披露及降低道德风险的能力。

（2）农村非银行金融市场

金融发展理论在后期研究阶段，在间接金融发展逐步成熟、市场饱和度大的现状下，直接金融开始在金融市场上发挥其功能。以股票、债券、保险产品及衍生品等金融产品构成直接金融市场资本流动的载体，使得非银行金融市场创新性、活跃性、广泛性及波动性均高于银行市场。因此，本书从规模性、流动性及稳定性三方面研究农村非银行金融市场。但本书的研究样本基于全球数据，各国在金融衍生品市场发展不均衡，大部分数据不可得，且旨在构建一个普适度较高的指标体系，因此暂不考虑衍生品市场。本书选择股票市值/GDP、人均上市公司衡量股票市场的规模（张思成等，2002）；通过总结国家负债比率屡创新高、保险资产不断扩张的现状，创新性地考虑债权市场及保险市场，选择保险公司资产/GDP 衡量保险市场规模，选择政府部门以及私人债券发行市值/GDP 衡量债券市场规模；考虑到非银行金融市场的波动性更大程度上来源于股票市场（Levine，2002），因此流动性及稳定性方面选取指标均基于股票市场。在已有文献基础上，在流动性层面本书选用股票交易市值/GDP 及股票市场换手率，在稳定性层面选用股票价格稳定性以及非风险资本获得的能力，其中股票价格稳定性作为负向指标。之所以选择非风险资本获得资本的能力作为稳定性而非流动性指标，是作者出于对投资资本逐利本质的考虑，认为短期投资及赎回将引起经济波动，不利于实体经济发展。

（3）农村金融政策及法律

考虑影响农村金融发展的因素时，金融政策及法律方面的因素是不可忽视的。现实中，金融监管部门控制着金融活动对实体经济的影响范围，其监管力度及货币政策、财政政策等与金融、商业相关的政策将直接影响经济中的货币流通量、总投资水平、金融市场参与度、创新能力及微观个体参与成本，进而影响金融发展；同时，无论实体经济参与者还是虚拟经济最终的参与者即为投资者，法律体系中对于投资者的保护力度将直接影响金融发展，因此有必要考虑司法部门运作有效性及法律体系保障性。

综合上述考虑，本书从金融政策、法律体系两方面构建该层次，选择政策透明度、政策维稳性衡量农村金融政策运作效率及把控风险的能力；选择少数投资者保护力度、法律保护指数（Levine，1998）作为衡量法律体系对农村金融发展的保障力度。

（4）农村经济环境

金融有“虚拟经济”之称，金融的繁荣是以实体经济繁荣为前提的，脱离实体经济的金融体系易形成泡沫经济，进而引发金融及经济危机。具体而言，良好的信用体系、高效的创新机制以及合理的监管体系均有助于金融活动的开展与良性运作，反之将抑制金融活动的发展并打破金融市场及经济的稳定性。因此，农村经济环境是决定农村金融是否具有进一步发展能力的因素。本书选择行政监管负担衡量农村经济活动的行政门槛，参考发展经济学选择企业家精神衡量农村经济环境中的创新水平，选择企业社会责任衡量农村经济环境的道德风险和信用水平。

二、研究方法——主成分分析法（PCA）

本书构建的农村金融发展指标体系共选择 26 个变量，采用多元统计分析法研究。统计学中，多元统计分析用于研究多个随机变量间的关联关系，通过分析获得变量之间的内在统计规律（表 3 - 1）。本书整体逻辑思路是希望得到一个综合多种因素后的指标来衡量农村金融发展水平，因此选用具有降维效果且相关研究中较有实践意义的主成分分析法（PCA）。

表 3 - 1　农村金融发展指标体系

第一层次	第二层次	第三层次	变量说明
农村商业银行金融市场	规模性	M_2/GDP	
		农村商业银行资产/GDP	
		农村商业银行结构	农村商业银行资产/（商业银行及中央银行）资产

（续）

第一层次	第二层次	第三层次	变量说明
农村商业银行金融市场	稳定性	破产率	（农村银行资产收益率＋股本/资产）/农村银行资产收益率的标准差
		前五大银行市场集中度	前五大农村商业银行资产/全部商业银行资产
	运作效率	政府信用系统覆盖率	登记在政府信用系统中成人及公司数/全体成人数
		私人信用系统覆盖率	登记在最大信用咨询公司中成人及公司数/全体成人数
		存贷比	农村商业银行贷款/农村商业银行存款
		私人部门贷款	私人部门从农村商业银行贷款/GDP
农村非银行金融市场	规模性	股票市值/GDP	
		人均上市公司数量	人均（每万人）上市公司数量
		非政府债券发行市值/GDP	
		政府债券发行市值/GDP	
		保险公司资产/GDP	
	流动性	股票交易市值/GDP	
		股票市场换手率	股票市值/实体经济市值
	稳定性	股票价格波动性	日均（以一年360日计算）国家证交所股价波动
		非风险资本获得资本的能力	行业创新者（非投机者）获得股权融资的能力［1代表非常困难，7代表非常容易］
农村金融政策及法律因素	金融政策	政策执行效率	
		政策透明度	政策变化影响商业活动的难易程度［1代表非常困难，7代表非常容易］
		政策维稳性	管理者对农村金融市场稳定影响程度［1代表弱，7代表强］
	法律因素	少数投资者保护力度	同上［1代表弱，7代表强］
		法律保护指数	综合抵押法、破产法等对投资者、债权人的保护［0～10（最好）］
农村经济环境		行政监管负担	企业承担行政监管成本［1代表行政监管越重，7代表行政监管零负担］
		企业家精神	创新能力［1代表无创新能力，7代表最大程度创新］
		企业社会责任	企业的道德风险［1代表风险高，7代表风险低］

（一）基本思想

主成分分析法是由霍特林（Hotelling）于1933年提出的，认为现实中用以描述同一事情的各变量相互之间不严格独立，当实证分析需要研究庞大的变量群用以全面、准确地反映事物特征以及其内部发展规律时，变量之间的重复信息不仅增加工作量也无法得出规范、真实的分析结论，需要一种方法可以提取变量群中各自独特的信息量并剔除重复的信息量，并将此思想定义为“降维”。统计学中很多方法都可以达到此效果，最简单也是最常用的思想就是将原有指标线性组合后得到的变量作为新的指标。能在最大程度上吸取原始指标信息并将原来指标线性化的方法称为“主成分分析法”。综合后的变量称之为主成分，且主成分之间互不相关，在研究复杂问题时，通过新生成的主成分来抓住问题的主要矛盾，在原始指标的信息基础上达到简化问题、尽可能不损失信息、提高分析效率的效果。

假设研究主体有 n 个样本、p 个变量的数据（$n>p$），并将原始数据整理为 $\boldsymbol{X}=(X_1, X_2, X_3, \cdots, X_p)'$，通过主成分分析法获得 r 个主成分（$p>r$），并获得 r 个主成分系数矩阵 $\boldsymbol{a}'=(a_1, a_2, a_3, \cdots, a_r)$，进而得到一个综合指标 $\boldsymbol{F}=(F_1, F_2, F_3, \cdots, F_r)'$。

$$\boldsymbol{F}=\boldsymbol{a}'\boldsymbol{X} \tag{3.1}$$

即，

$$\boldsymbol{F}=\begin{pmatrix} a_{11} & a_{12} & \cdots & a_{1r} \\ a_{21} & a_{22} & \cdots & a_{2r} \\ \vdots & \vdots & \ddots & \vdots \\ a_{p1} & a_{p2} & \cdots & a_{pr} \end{pmatrix}' (X_1 \quad X_2 \quad \cdots \quad X_p)' \tag{3.2}$$

其中，$\boldsymbol{a}_1=(a_{11} \quad a_{12} \quad \cdots \quad a_{1r})'$。

或，

$$\begin{cases} F_1 = a_{11}X_1 + a_{21}X_2 + \cdots + a_{p1}X_p \\ F_2 = a_{12}X_1 + a_{22}X_2 + \cdots + a_{p2}X_p \\ F_r = a_{11r}X_1 + a_{2r}X_2 + \cdots + a_{pr}X_p \end{cases} \tag{3.3}$$

通过线性变换形成的主成分满足以下条件：

（1）原始数据标准化后，每个主成分的系数平方和为1，即：$a_{1i}^2+a_{2i}^2+\cdots+a_{pi}^2=1$（$i=1, 2, \cdots, r$）；

（2）新生成的主成分之间是不相关的，也即 $COV(F_i, F_j)=0$（$i\neq j$，

i、$j=1$，2，…，r)；

(3) 新生成的主成分的方差是从大到小的递减顺序排列的，即满足：$VAR(F_1) \geqslant VAR(F_2) \geqslant \cdots \geqslant VAR(F_r)$。

上述 (1)、(2) 也可写为 $a'a=1$。

对于系数矩阵 a 的选取，霍特林认为 F 的方差越大表明吸收原始观测指标的信息越多，因此求使得 $Var(F)$ 最大的系数矩阵 a。

$$Var(F)=Var(a'X)=a'Var(X)a=a'\sum a \tag{3.4}$$

其中，$\sum$ 为原始观测指标的方差矩阵。由 (3.4) 式可知，$Var(F)$ 是 a 的增函数，为避免原始观测变量单位所造成的不可比性，只有当 $a'a=1$ 时才有意义。因此求解 (3.4) 式：

$$\begin{cases}\max a'\sum a \\ s.t.\ a'a=1\end{cases}$$

得：

$$\sum a=\lambda a \Rightarrow (\sum-\lambda E)a=0 \tag{3.5}$$

可知 (3.4) 式最大化问题变为求 $\sum$ 特征值的过程，即 λ 为 $\sum$ 特征向量，a 实际是 $\sum$ 特征值按从大到小排列的前 r 个。

对于 r 的界定，霍特林通过计算前 r 个特征值的方差贡献率 ∂_i 及累计方差贡献率 δ_i，确定 r 的大小。

$$\partial_i=\frac{\lambda_i}{\sum_{k=1}^{p}\lambda_k}(i=1,2,\cdots,p) \tag{3.6}$$

$$\delta_i=\frac{\sum_{k=1}^{i}\lambda_k}{\sum_{k=1}^{p}\lambda_k}(i=1,2,\cdots,p) \tag{3.7}$$

一般地，选取使得累计方差贡献率 δ_i 达到 85%以上的前 r 个综合指标作为新生成的主成分 F。

(二) 计算步骤

主成分分析法的求解步骤如下：

1. 数据标准化

在实际问题中，不同的原始观测变量具有不可公度性。首先，由于各原始观测变量指标属性并不一致，指标属性有三类分别为正向指标、负向指标及适度指标（本书不涉及适度指标），其中正向指标即变量数值越高表明农村金融发展水平越高，反之则为逆指标。对不同属性的变量指标其对于农村金融发展水平的作用力是不同向的，贸然直接加总将因抵消作用导致研究结果不准确甚至错误，因此需要对所有指标作用趋同化，为避免改变其分布性质，本书选择对所有逆指标采取“* −1”的操作。其次，不同原始观测变量具有不同的量纲和量级，根据上述思想在利用 $\sum$ 求原始观测变量主成分时，需要判断各变量方差的大小并排序、计算累计总和，对于不同量纲变量的方差相加是没有意义的。另外，按上述逻辑最终通过累计方差贡献率决定 r 的数量，因量纲及量级不同会导致主成分最终选择的是具有较大方差或数量级的指标，造成主成分提取结果并非真正有效，因而求主成分时需要先对原始变量做标准化变换，即

$$x_{ij}^{*} = \frac{x_{ij} - \overline{x_j}}{S_j}(i = 1,2,\cdots,n;j = 1,2,\cdots,p) \tag{3.8}$$

其中，x_{ij} 为原始观测第 i 个样本的第 j 个变量，$\overline{x_j}$ 为原始观测 n 个样本的第 j 个变量的均值，S_j 为原始观测 n 个样本的第 j 个变量的标准差，x_{ij}^{*} 为标准化后的第 i 个样本的第 j 个变量。

计算步骤中可利用 SPASS、Eviews 等计量软件操作，在此不具体介绍操作步骤，仅就涉及的原理进行说明。

2. 计算标准化后变量的方差矩阵（原始变量的相关系数矩阵）**并判断样本是否适用主成分分析法**

计算原始变量的相关系数矩阵时利用公式（3.9）：

$$S^2 = \frac{x^{*}x^{*}}{n-1} \tag{3.9}$$

其中，$x_{(n^{*}p)}^{*} =$（x_1^{*}，x_2^{*}，…，x_p^{*}）。

检验样本是否适合主成分分析法，本书选用 KMO（Kaiser - Meyer - Olkin）和巴特利特球度（Bartlet Test of Spheddty）检验。KMO 统计量是通过变量间的相关系数和偏相关系数进行计算的，KMO 统计量的值落在 0 和 1 之间，且 KMO 统计量值一般大于 0.5，说明样本数据适合做主成分分析，越接近 1 越适合做主成分分析；巴特利特球度检验是基于变量间的相关

系数矩阵进行计算的，显著值越小则认为样本数据越适合做主成分分析。

3. 求 S^2 的特征根及特征向量，计算方差贡献率及累计方差贡献率，选择 r 个主成分

实证分析中，本书利用SPSS进行分析时，从兼顾降维及累计方差贡献率尽可能较高的双重角度考虑，选择保留特征值大于1的主成分并保证累计方差贡献率大于65%。

4. 计算各个主成分及综合得分值

利用公式（3.3）计算各个主成分。

利用公式（3.2）或者 $Z=\sum_{i=1}^{r}\frac{\partial_i}{\delta_r}F_i$ 计算综合得分值。

其中，r 为新生成的主成分的个数，∂_i 为第 i 个主成分的方差，δ_r 为选取的前 r 个主成分的方差和。

（三）时序全局主成分分析法

时序全局主成分分析是对主成分分析法的拓展，该方法将时间序列数据及截面数据综合为时序全局数据表，延续主成分分析法理论的本质逻辑，对时序全局数据表的多个主体多个变量的多个时间段的样本数据进行降维分析。

为形象地描述时序全局数据表，假定研究主体为 n 个样本，每个样本均由 p 个变量或指标构成，且每个样本均有 T 年的数据量。为方便后续做面板数据分析，本书选择以时间序列排列这些变量，即

$$Database=(x_{ij})_{Tn^{*}p}$$

其中，$i=11，12，\cdots，1n，21，22，\cdots，2n，\cdots，T1，T2，\cdots，Tn$；

$j=1，2，\cdots，p，\underbrace{\cdots\cdots}_{Tn-2}，1，2，\cdots，p$。

通过时序全局数据表进行主成分分析，所得主成分表达式对于所有样本的所有时间均相同，同理也会有相同的综合得分表达式。运用时序全局主成分分析，可以在截面数据的样本量有限的情况下，增加样本的个数，使得我们对研究对象的分析具有大样本的统计意义。但是时序全局主成分分析法最终的主成分、得分表达式具有统一性，即默认所有样本所有时间的数据均具有可比性，但实际上各样本存在不同的外部条件，使得主成分及得分表达式不同，因而时序全局主成分分析法仍存在一定的不足。介于作者成文时，每

个国家或者地区仅可获得 10 年数据，小样本做主成分分析不具有统计性质，故选用时序全局主成分分析法。因该统计数据库具有延续性，因而该研究方法仍具有实际意义。

第三节　中国农村金融发展状况分析

一、中国农村金融发展总体水平分析

图 3－1 绘制了 2004—2014 年间中国农村金融发展系数、排名前十名国家或地区（后文用“全球最好”代指）农村金融发展系数均值以及 51 个样本国家或地区（后文用“全球平均”代指）农村金融发展系数均值的测算结果。从图中可看出，经历过 2008 年全球次贷危机后的中国，其农村金融发展呈稳步上升趋势；2005—2007 年是 11 年间中国农村金融层面向前发展速度最快的阶段，受次贷危机影响中国农村金融发展水平于 2008—2009 年间又反弹至增长前的水平，2010 年后中国金融业冰冻趋势缓解并呈缓慢上升，2014 年呈现初步加速上升趋势，整体走向与全球样本平均值走向相吻合，与中国金融业实际情况相符。另外，与 11 年间每年排名前十的国家或地区金融发展系数均值进行比较，可以看出，中国农村金融发展已处于本书选择样本的中上游阶段，但较全球最好水平相比尚有一定的距离；从农村金融发展的波动性而言，中国农村金融的稳定性较全球最好水平稍显不足，抵抗及缓解外部冲击的能力也有待提高，但考虑到中国农村金融发展的历史较短，取得如此成就已不容小觑。

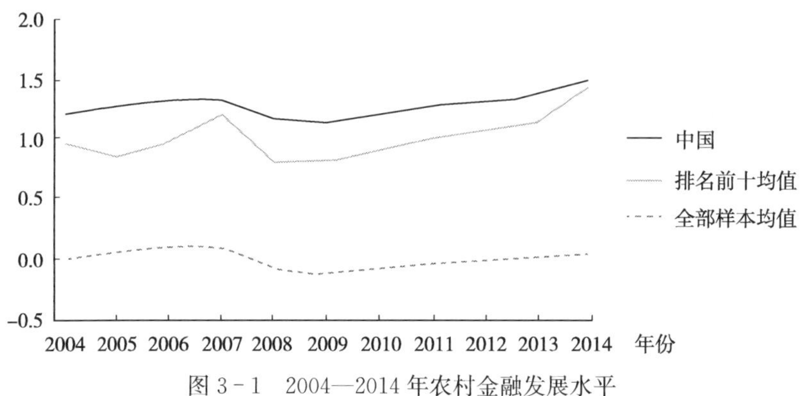

图 3－1　2004—2014 年农村金融发展水平

二、中国农村商业银行发展水平分析

图 3-2 绘制了 2004—2014 年间中国农村商业银行发展水平、排名前十名国家或地区涉农商业银行发展水平均值以及 51 个样本国家或地区涉农商业银行发展水平均值的测算结果。从图中可以看出，中国农村商业银行发展水平 2004—2014 年间保持较为高涨的持续上升趋势，受 2008 年全球次贷危机的影响较小，其中 2004—2010 年间其发展速度近似为直线上升，涨幅近 100%，2011—2013 年间发展稍有停滞，但 2014 年再次呈现高速上升的状态。这一现象与中国农村金融着重并优先发展农村商业银行的现实情况相符，其次次贷危机时期救市政策也多针对商业银行，同时中国商业银行“大而不倒”的特色也使得其抵御冲击时具备了一种政策色彩。相反全部样本均值虽也表明，近 11 年来全球商业银行发展水平呈缓慢上升趋势，但涨幅并不明显。另外，与 11 年间每年排名前十的国家或地区涉农商业银行发展水平均值进行比较，可以看出，中国农村商业银行发展水平几乎一直处于世界的上游水平，并在 2008 年次贷危机后，成功突围并处于领先地位，无论发展水平及发展速度均高于排名前十的样本均值。根据主成分分析法得到的 F_B，中国、瑞士、丹麦、卢森堡为全球涉农类商业银行发展水平较高的国家。

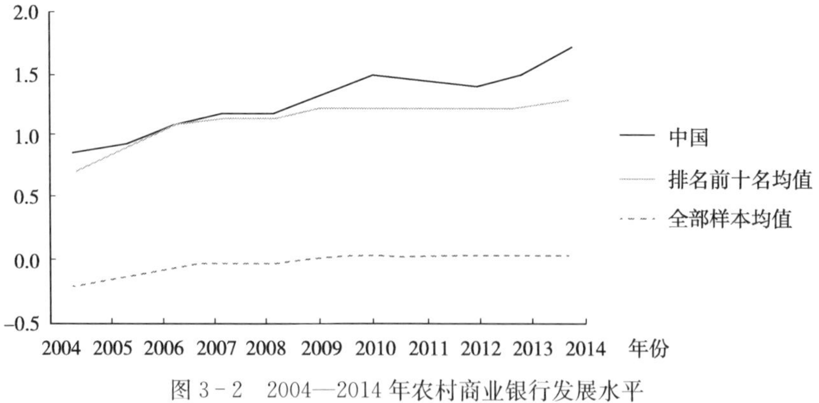

图 3-2　2004—2014 年农村商业银行发展水平

三、中国非银行农村金融市场发展水平分析

图 3-3 绘制了 2004—2014 年间中国非银行农村金融市场发展水平、排

名前十名国家或地区非银行农村金融市场发展水平均值及 51 个样本国家或地区非银行农村金融市场发展水平均值的测算结果。从图中可以看出，中国非银行农村金融市场发展水平在 2004—2014 年间呈现先上升后下降的趋势，总体而言非银行农村金融市场的发展程度不大，整体市场状况不景气，其中 2004—2007 年间是中国非银行农村金融市场发展速度及上升力度最大的时期，这一现象得益于当时中国股市的热潮，随着中国股市止步于 6 000 点，中国非银行农村金融市场发展水平开始波动下降。中国非银行农村金融市场发展方向较为片面，市场中逐利性主导因素较多，对于股票市场的依赖程度较高，并未注重债权市场、金融衍生品市场等资本市场的多方面发展，综合而言其水平接近于全球平均水平。而全球非银行农村金融市场发展水平近 11 年间持续保持原地踏步状态，一直处于较低的发展水平。另外，相较于 11 年间每年排名前十的国家或地区非银行农村金融市场发展水平均值，中国与全球最好水平的差距非常巨大，无论是发展水平及发展速度都不在一个数量级上，发展滞后现象严重。根据主成分分析法得到的 F_S，美国、日本、中国香港等资本市场发展较为成熟的市场经济主体为全球非银行农村金融市场发展水平较高的国家和地区，这一结果与现实情况相符。

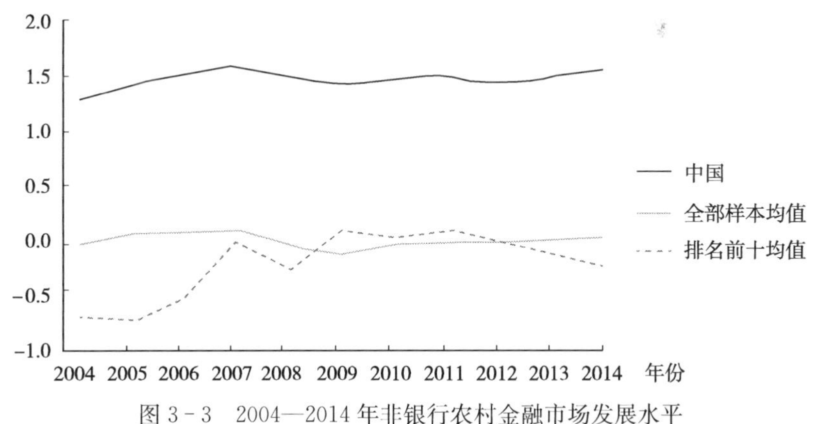

图 3 - 3　2004—2014 年非银行农村金融市场发展水平

四、中国农村金融政策及法律体系发展水平分析

图 3 - 4 绘制了 2004—2014 年间中国农村金融政策及法律体系发展水平、排名前十名国家或地区农村金融政策及法律体系发展水平均值以及 51

个样本国家或地区金融政策及法律体系发展水平均值的测算结果。从图中可以看出，中国农村金融政策及法律体系发展水平在2004—2014年间波动幅度非常大，2004—2007年间金融政策及法律体系发展水平维持在一定水平并呈现小幅度波动，2008—2009年间急转直下，呈现跳水式直线下降，2010—2014年又出现反弹式直线上升，至2014年已接近恢复初始的2004—2007年间金融及法律体系发展水平。由此可以看出，次贷危机时期中国所采取的农村金融政策以及后危机时期的法律体系并未能成功抵御危机带来的波动与冲击，相反政策及法律体系作用的滞后期大概3年左右，政策效果及法律体系运作效果于2010年开始显现，使得中国农村金融政策及法律体系得以完善；相反受次贷危机的影响，全球金融政策及法律体系的稳定性及作用机制被打破，农村金融政策及法律体系发展的全球平均水平近11年来呈小幅上升、持续下降并稳定在低水平的发展趋势。另外，相较于11年间每年排名前十的国家或地区农村金融政策及法律体系发展水平均值，在总体水平上，中国处于中游偏上的水平，但稳定性上与全球最好水平的国家或地区相比仍然存在较大的差距。根据主成分分析法得到的F_P，法国、新加坡等为全球农村金融政策及法律体系发展水平较高的国家。

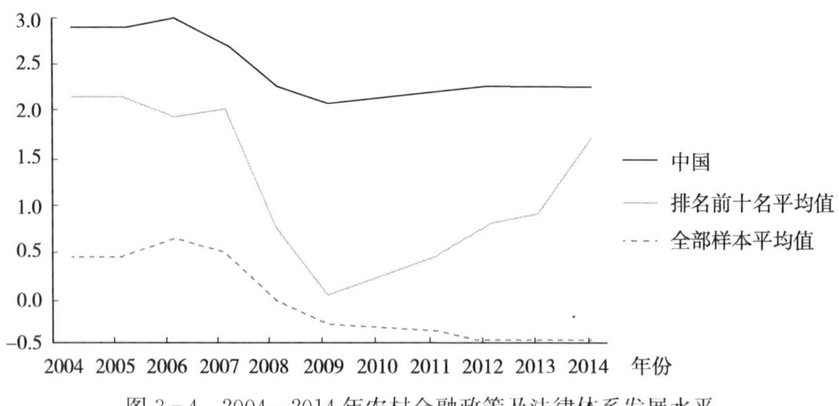

图3-4　2004—2014年农村金融政策及法律体系发展水平

五、中国农村经济环境分析

图3-5绘制了2004—2014年间中国农村经济环境得分、排名前十名国家或地区农村经济环境得分均值以及51个样本国家或地区农村经济环境得

分均值的测算结果。从图中可看出，中国农村经济环境得分 2004—2014 年间呈现先下降后上升的变动趋势，其曲线走势与全球样本均值、全球最好水平的发展趋势基本保持一致。但较全球样本均值而言，中国的农村经济环境整体发展水平在近 11 年间并未取得实质上的进展，只是逐步恢复到观测点的初始水平，而全球样本均值在近几年来获得小幅度上升。相较于全球最好水平，中国农村经济环境的波动较为明显，表明中国农村经济环境的基础仍有待提升。就中国农村经济环境整体水平而言，中国处于中等偏上的水平。根据主成分分析法得到的 F_E，法国、新加坡等为全球农村经济环境发展水平较高的国家。

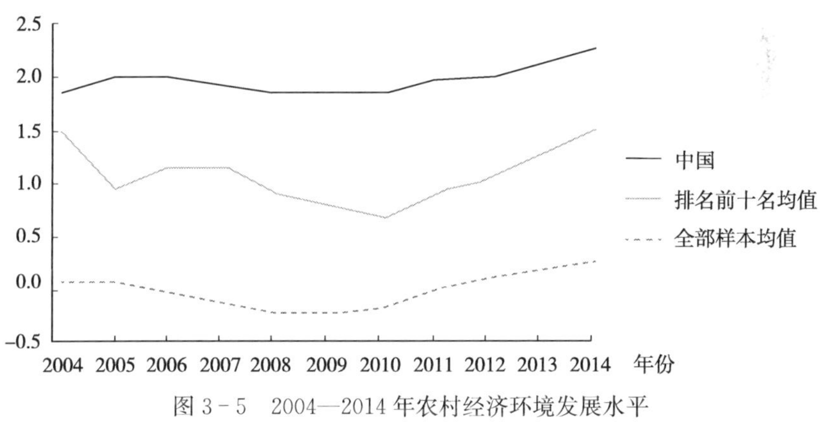

图 3－5　2004—2014 年农村经济环境发展水平

第四节　基于金融功能视角的金融结构改革

分散、管理和配置风险是金融的基本功能。金融资源是否得到有效配置，是评估金融资产结构是否合理的重要标准。研究谁承担了金融风险，以及风险承担的结构和比例，有助于寻找到未来中国农村金融发展的基本思路。

市场经济的本质特征，是经济主体分散决策、自担风险。这一方面有利于分散风险，另一方面也是一种激励机制，经济主体通过承担风险，可以得到相应的回报。政府的职责，就是保护好产权和相关权益，使得社会经济主体有积极性去承担风险，从而获得相应的回报。市场经济中的很多制度安排，如股票市场和有限责任公司等，本质上是一种激励机制和风险分担安排，既可以使投资者获得应有的回报，又有利于避免风险过度集中，从而有助于推动创新和发展。要发挥好上述机制的作用，需要坚持权责对称的原则，强化激励约束，避免权责非对称可能导致的行为扭曲和低效率。充分发挥市场作用，由分散的经济主体作出决策并真正承担风险的效率较高，金融体系也更加稳健。

从风险承担的角度看，金融资产并不是由谁持有，就由谁承担风险。有些资产对持有者而言风险很低，如储蓄存款，有存款保险制度等保障，风险基本是由金融部门来承担的（其主要部分最终是由政府承担）。有些资产的风险可以转移，如通过抵押贷款，银行可以把部分风险转移出去。还有些资产风险的名义承担者和实际承担者不同，比如规范之前的很多理财产品，原本应该是“受托理财，风险自担”，但由于存在刚性兑付，银行等金融机构实际上承担了投资者的风险。

基于上述考虑，根据各部门持有的主要金融资产的实际风险归属，我们大体匡算了居民、企业、政府、金融机构和国外部门承担金融资产风险的情况，给出了金融资产风险承担者的量化分布结构。在测算中，对于存款，假定金融机构承担居民存款风险的95%，承担其他部门存款风险的80%，其余的存款风险由居民及其他部门分别承担。对于贷款，假定金融机构承担信用贷款100%的风险。根据《商业银行资本管理办法（试行）》（初级内部评级法中，以应收账款、房地产和其他抵押品作为担保的，最低违约损失率为35%～40%）和《中国金融稳定报告（2019）》（在银行业压力测试中，假定集团客户违约损失率为60%），假定抵押、保证贷款违约损失率为50%，即金融机构和借款人各承担50%的风险。考虑到部分贷款等还有政府隐性担保，在匡算金融机构承担风险的金融资产规模时，适当做了扣减，并相应增加政府部门承担的风险。对于债券，其中国债、政策性金融债和央行票据对持有者而言可视为无信用风险资产，这部分债券的风险由政府部门承担，除此之外，其他债券的风险由持有者承担。对于理财和信托，考虑到刚性兑付尚未完全打破，假定其中80%的风险由金融机构承担。随着理财等刚性兑付逐步打破，未来风险承担情况会发生变化。此外，通货、准备金和中央银行贷款、国际储备资产视作政府部门应承担的风险资产。根据上述假定，我们就可以依据实际风险归属，将农村金融资产分别计入各部门（金融资产中的“其他”项科目较多，较为琐碎，为简化不再计入）。需要说明的是，准确度量金融资产的实际风险承担是比较难的，上述假定也可以讨论，但通过大体匡算，仍能够看到金融资产风险承担的基本状况及其变化。

从上述测算的金融资产风险承担情况看，近年来农村金融资产风险明显向银行等金融机构集中，而金融机构的风险相当部分最终要由政府承担。2018年末，由金融机构和政府部门承担风险的金融资产规模分别为365.9万亿元和118.7万亿元，是2007年末的5.85倍和2.60倍，占全部金融风险资产的比重为54.5%和17.7%，总计达72.2%，比2007年高2.6个百分点。风险向金融机构集中的趋势明显，2018年末，金融机构承担风险的占比较2007年末提高了14.2个百分点。从其他部门看，2018年末居民、企业和国外部门承担风险的占比分别为9.4%、13.8%和4.6%。

如前所述，市场经济条件下风险应当是分散的和分担的。国际金融危机以来的十多年里，中国农村金融资产的风险向银行部门集中，向债务融资集中。之所以出现这种情况，主要有两方面原因：

一是直接融资尤其是股票融资增长较慢。直接融资涉及非银行经济主体之间的直接交易，对法治和信用环境的要求更高。直接融资特别是股票融资增速较低，实体经济融资仍以间接融资和债务融资为主，导致银行贷款在各项融资之中的占比明显上升。目前来看，在金融工具中，债券市场的约束比银行贷款融资强，股权市场的约束又比债券市场强。风险向金融机构尤其是银行集中，容易扭曲激励约束机制，影响金融资源的配置效率，还会扭曲风险定价，导致金融资产总量过快膨胀和部分资产质量下降，放大金融风险。

二是宏观经济运行对金融结构产生了重要影响。2003—2008年国际金融危机前，中国经济处于上行期，内生增长动力强劲。这一时期中国的高储蓄在支持国内投资的同时，形成经常项下顺差，经济高增长还吸引了大量外部投资，从而减轻了企业对信贷等债务融资的依赖。由于经济增长超过信贷等债务增长，宏观杠杆率稳中下降。国际金融危机爆发后，在对冲经济下行压力、扩大内需过程中，银行债务融资快速增长，不仅贷款增长较快，银行还通过同业、股权及其他投资等派生货币，为部分表外和影子银行业务融资，这些资金多具有债务融资的性质。债务融资显著上升，加之名义GDP

增速下降，导致宏观杠杆率大幅上升。

最近十多年来，我国银行贷款在各项融资之中的占比明显提高。银行发放贷款是货币投放的主要渠道，会同时创造货币和债务。国际金融危机后，内需在经济增长中作用上升，对贷款融资的需求更高，债务杠杆出现一定上升有其必然性。不过，以政府信用支持、农业农村生产性收益权和农村“两权”作为抵押品的信贷快速扩张，会导致金融风险向银行和政府集中，并容易形成自我强化的机制，累积产能过剩、房地产泡沫和债务杠杆风险。已有对国际上的实证研究显示，政府债务与经济增长之间存在较为明显的“倒U形”关系，政府债务率一旦超过阈值，可能会对长期经济增长产生负向影响，降低经济增长速度。正是基于对通过债务过快扩张推动经济增长模式难以持续的判断，决策者强调，不搞强刺激，在保持总需求基本稳定的同时，以供给侧结构性改革为主线，推动经济结构调整和改革，实现经济高质量发展。近几年来，中共中央坚持稳中求进工作总基调，着力把握好稳增长、调结构、促改革和防风险之间的关系，供给侧结构性改革持续推进。产业优胜劣汰和整合力度加大，产能过剩问题明显缓解，总供求更趋平衡，经济韧性总体增强。2007—2015 年中国 GDP 增速从 14.2%下行至 7%，9 年间下行 7.2 个百分点，2016—2019 年 GDP 增速从 6.8%下行至 6.1%，4 年间下行 0.7 个百分点，经济增长的下行调整总体是在收敛的。与此同时，宏观杠杆率过快上升的态势也得到遏制，2017—2019 年两年累计上升 2.8 个百分点，远低于 2008—2016 年年均超 10 个百分点的升幅，保持了基本稳定。其中企业杠杆率下降，金融风险防范与处置取得重要进展，表外和影子银行、互联网金融风险等很大程度上得到治理，重点金融机构风险处置取得突破，坚定稳妥打破刚兑，依靠市场机制调节汇市和股市运行，完善必要的宏观审慎管理，外部冲击风险得到有效应对，守住了不发生系统性金融风险的底线。

第四章　服务农村产业发展的农村金融产品和服务创新

乡村振兴战略的落地实施需要三大要素的强力支撑，即钱、地、人。其中，农业农村“融资难”“融资贵”的问题，对农村发展的制约越来越明显。但在我国“嫌贫爱富”的传统金融体系中，农户并不是其主要服务对象。尤其是在农村生产经营模式单一、收入不稳定、缺乏标准化抵押物以及缺少征信体系的现实条件下，传统金融机构对涉农贷款的谨慎态度就不难理解。在乡村振兴战略的逐步推进、农村市场条件逐渐成熟、多方利好政策的持续加持，以及互联网、人工智能、区块链等新技术的强势带动下，以上这一发展现状在最近几年将得到有效改进，农村金融将进入黄金发展期。因此，本节在总结我国农村金融发展现状的基础上，结合实践提出了农村金融的创新发展模式，以期为未来的农村金融创新提供借鉴。

本章研究涉农金融机构通过创新金融产品和服务，根据新产业新业态的特点，进行供给侧结构性改革，推动乡村产业提质增效。

第一节　金融工具创新、绿色产业融资与乡村产业结构优化

为了加强乡村振兴的财政保障，中央文件明确指出，农村金融机构应为乡村振兴提供多元化、差异化的金融服务，并将财政资源分配给农村经济社会发展的重点区域和薄弱环节。相关部门还呼吁推进农村信用社省级合作社的改革，保持农村信用社作为县级法人的地位和数量的整体稳定。为此，农业信用机构需要勇于改革，加强顶层设计。事实上，自《关于深化农村信用社改革试点方案的通知》（国发〔2003〕15 号）发布以来，农村信用社的管理权已下放给地方政府。根据省级人民政府的管理要求，省协会承担了许多

政策性研究任务。中国人民银行已经在推动省级协会的改革，外部环境和内部因素都要求省级协会主动加强顶层设计。一是系统加强党的建设。充分发挥各级党组织的政治核心作用，为乡村振兴提供强有力的政治保障。引导农村商业银行切实处理党的领导与公司治理的辩证统一关系，把落实乡村振兴战略作为农村信用体系的共同意志和共同行动，确保农村信用体系经营管理的正确方向。二是要稳步推进职能转变，同时要规范行政职能，进一步加强服务职能，继续发挥省级服务功能协会的协调作用，不断完善“小银行＋平台”模式，引导区域性商业银行回归本源，坚持主营业务，提供多元化和差异化的金融服务，促进乡村振兴。三是继续做大、做强、做好农业信用品牌优势。在加强和优化省级管理和平台服务的基础上，省级协会指导下属银行和合作社牢固树立“为农业、农村和农民服务”的市场定位，不断提高综合竞争力，不断提高农村信用合作社体制的整体实力和品牌影响力。四是继续发挥省级协会评估管理职能。农村信用社的分支机构主要分布在广大的农村地区，各分支机构甚至各分支机构的具体环境、管理水平和风险控制能力不同，客观上存在无序发展的可能性。没有省级协会的评估，很难避免一些银行和协会在追求发展的同时科学控制风险。农村信用社的管理、产权和机制在理论界和金融界都存在争议。学者普遍认为，制约经营和发展的根深蒂固的问题是管理者和成员的投入。管理者和成员之间没有太大的区别，但管理者拥有绝对的决策权和管理权，而许多成员很难参与管理，民主管理只是流于形式。

一、农村金融工具创新

商业银行拥有很强的资金吸纳和资金输出能力，但改革开放以来，在农村金融的发展进程中，除了中国农业发展银行、中国农业银行和邮政储蓄银行在国家政策的推动下下沉农村地区、支持农村发展外，受制于农村贷款成本高、缺少抵押物、风险大，其他商业性银行并没有发挥很大作用。在“三农”政策利好不断，尤其是国家实施乡村振兴战略，农村担保体系、信用体系等金融基础设施和环境不断完善，以及土地确权等的推动下，制约银行贷款的一些因素将逐渐弱化，银行贷款将成为农村金融发展的一种重要方式。

（一）“银行＋政府＋担保机构”

银行与政府、农业信贷担保机构合作，建立合理的风险分担机制和利益分享机制，在担保公司对信贷项目进行担保的基础上，银行发放贷款，从而降低银行农业贷款的成本和风险。农业信贷担保公司，是由政府财政支持设立的，分国家级、省级和市县级三级体系。目前国家农业信贷担保联盟有限责任公司已成立，省级农业信贷担保公司已组建完成并投入运营，逐渐向县市延伸。随着担保机构的逐步下沉，将形成银担合作共赢、财政金融协同支持的良好局面。

（二）“银行＋政府＋保险”

银行与政府、保险公司合作，银行发放贷款，保险公司对借款主体的到期履约还款能力提供担保，并承担贷款约定赔偿责任（如由保险公司优先为借款人偿还差额部分），政府提供保费补贴、贴息补贴和风险补偿支持。

（三）“银行＋政府”

银行与政府合作，由政府财政提供风险补偿资金，银行按比例放大贷款规模，为贷款主体提供贷款服务，当出现到期无法履约还款情况时，从风险补偿金中予以补偿。一般银行放贷规模越大，风险补偿金的比例就越高，从而达到财政资金对银行贷款的激励作用。

（四）“银行＋企业”

银行与龙头企业合作，以龙头企业为核心，为其上下游各环节的主体（如上游的农户、下游的经销商等）提供金融服务，利用产业链优势控制风险。龙头企业在这一模式中起着重要的作用，一方面其较好的信用可以为上下游贷款主体授信，另一方面其掌握了上下游经营主体较为准确的信息，可助力银行进行风险控制。同时，产业链式的融资模式，还可将应收账款、预付款等资产作为抵押，激活无形资产的价值。

（五）“两权”抵押

以农村承包土地的经营权和农民住房财产权（一般要求农民住房所有权、所占宅基地使用权同时抵押）作为抵押，由银行向土地经营权所有人和房屋所有人发放贷款。2016 年国家在 232 个县（市、区）开展农地抵押贷款试点，在 59 个县（市、区）开展农房抵押贷款试点。随着农村承包土地三权分置的大范围推行，以及 2018 年中央 1 号文件中首提的宅基地“三权分置”，“两权”抵押的金融产品创新形式将获得新的发展动力。另外，除了“两权”外，大型农机具、预期收益权、林权也可以作为抵押物。目前一些创新型平台也聚焦这一金融模式，例如，京东注资的聚土网旗下的聚土贷，依托其土地流转的核心业务，专门为农业、农村、农民提供金融贷款，只要有地或者有房，就可申请评估，以获得最高 50 万元的低利率贷款。

二、乡村绿色产业融资与乡村产业结构优化

农业产业发展的最主要目的是实现农业生产的可持续发展，即绿色发展，为我国经济社会的发展提供稳定的保障，保证人口增长、市场经济发展、农业环境永续利用等。所以，农业可持续发展资金调节机制要保证结构的高效与合理。农业可持续发展要求产业发展结构合理，不是竭泽而渔，杀鸡取卵式的掠夺式发展，要实现产业发展与经济社会、生态环境的合理融合。而对农业生产来说，农业资金在农业产业结构形成中所起的作用是非常关键的，具有导向性的作用。但是对农业资金投入来说，需要一定的时间过程才能显现出农业投资的效益，因此在农业资金的投入和配置中更要科学合理规划，按照国家农业可持续发展规划进行投资，主要向支柱产业、基础工程、水利和生态工程等进行投资，并根据实际情况合理调整投资方向。

由于农业投资的主体行为直接影响了农业可持续生产和发展过程，所以农业投融资主体要严格按照国家的农业发展规划、农业产业政策，农业生产规律明确分工，做到权责分明，实现资金的有效管理，满足可持续农业生产的资金需求。

第一，要有适当的财政政策倾斜。对国家来说适当地提高对农业方面的财政投入和政策倾斜，通过国债投资、核销坏账、外国政府金融机构的贷款等方式向农业生产倾斜。第二，制定专门的税收优惠政策。因为农业本身是弱质产业，国家要通过相应的政策鼓励相关企业或私人开发农业生产荒地，通过税收减免和基金扶持等政策提升农业生产的积极性。第三，要有一定的信贷与金融支持政策，对农业贷款给予一定的利率优惠。第四，要结合我国农业生产发展实际，向农业资源保护领域倾斜。由于很多省份农业人口数量较大，要有计划、分步骤地实现农业资金的投入，这样对农民的脱贫致富，农业产业链的稳定有序发展以及农业投资主体的稳定经营、农业科技成果有

效转化有着积极的促进作用。在农业资金支持体系当中，可以根据农业可持续发展规划配置资金，保证投融资规模的稳定增长和农业生产发展资金的有效使用。全国农业生产区域要认清自身的资源优势与环境情况，实现当地农业生产的可持续发展，以市场需求为导向，实现农业高效发展。

因为农业自然资源是不可再生的，因此在农业生产中要注意保护农业资源环境，摒弃影响农业生态环境的生产方式，发展绿色环保的现代农业。

（一）创新型田园城市开发与融资

随着工业化、城镇化进程的不断推进，在城市经济获得高速增长、城市规模不断扩大的同时，环境恶化、资源短缺、人口膨胀、交通拥堵等“大城市病”日益严重。越来越多的城市人口前往市郊或者乡村地区，在优质的生态环境和慢节奏的生活中寻求梦想家园。另外，在城市对人口及资源的强大虹吸效应下，乡村日渐衰落。如今，我国城乡关系已经进入了新的历史阶段，城乡融合需要新理念、新模式、新办法。

1. 创新型田园城市解读

（1）田园与城市融合发展的新模式

据统计，截至2017年年末，我国城镇化率为58.52%，随着城市化进程的加速，农村人口不断向城市流动，为城市的交通、就业以及教育、医疗等公共服务等带来了巨大的压力。为了缓解这一压力，部分大城市通过产业、人口转移，开始向周边疏解城市功能，组团城市之间的关系日益紧密。

随着城市市郊及非城市地域不断发展，城市与乡村的界限逐渐模糊，由此产生了田园与城市相互融合发展的新模式——创新型田园城市。霍华德的田园城市理论认为田园城市包括城市和乡村两个部分，城市四周被农业用地围绕。而创新型田园城市不再是田园包围城市的结构，而是一种田园与城市融合的结构，既拥有城市完善的社会服务功能，又具备乡野庄园的田园生活配置，是城乡融合背景下产生的新型乡村业态形式。这种模式不是田园中的城市聚集，而是田园中的现代农村，重塑了城市结构和农业结构之间的关系，能够实现城市田园化和乡村现代化的双重目标。

（2）打造工作生活一体化的现代乡村生活方式

创新型田园城市的发展模式，是以优越的田园生态环境为载体，以高科技生态产业和先进的经营理念为支撑，改造乡村田园房舍，拓展延伸农业产业链，发挥田园城市观光度假、康体养生、农事体验等多元化功能，实现乡村与城市之间的相互交换，构筑乡居生活的平衡，从而打造田园生态系统下工作生活一体化的现代乡村生活方式。

新时代的现代乡村，立足区域资源禀赋，在保护山水田园的基础上，延续乡村原有的果蔬花卉种植和水产畜牧养殖，并引进高科技智慧产业、文创产业、康养度假产业等生态无污染企业入驻。同时，整合乡村土地资源，打造现代庄园，构筑高端社交商务平台，吸引城市消费聚集，真正实现城市辐射乡村，带动乡村发展。

（3）以农民集中安置的方式盘活土地资源

创新型田园城市的发展关键在于充分利用现有土地资源进行产业和商业开发，在集中安置农民的基础上，推动土地流转，盘活土地资源。乡村地区要想做活土地文章，首先，要为土地权属定界，明确集体土地产权，重点解决人口与土地分配不协调、宅基地权属不明等问题。其次，在自愿、有偿原则的前提下，以村民小组为单位将土地集中流转，价格由企业和农户双方协商。凡改变土地性质转为建设用地的资源，按土地征用政策执行。最后，妥善集中安置农民，高标准建设集中居住用房。根据区域征地补偿政策，对用宅基地置换新房的农民给予补偿，将置换后的宅基地，按照增减挂钩和异地置换政策进行处理。

（4）农民身份的市民化和职业化转变

在创新型田园城市的建设中，以土地流转、农民集中居住为切入点，带动农民角色的转变。一方面是市民化的转变。农民在田园城市中参与产业庄园运营，从事农业生产以外的延伸产业，并集中生活在现代化的居住生活区，由此在生产、生活方式上融入城市，转变为田园城市中的“新市民”。另一方面是职业化的转变。为了适应田园城市发展现代农业、高科技产业和服务业的需求，政府和企业应对当地农民进行生产技术、经营管理等职业化培训，并择优录取上岗，从而提升农民的职业技能，带动农民就业增收。

2. 创新型田园城市的发展结构——以庄园集群为核心

（1）宜居宜业的空间结构

创新型田园城市的空间布局形式多样，可以整合特色小镇、游乐园、绿色环道、特色庄园、标志性景点等多元化项目，打造吸引城市人口消费聚集的空间结构，其核心是构筑宜居宜业的工作生活空间。

田园城市中的居住生活发展区，是城乡融合发展的核心区，也是“新市民”宜居宜业梦想的启程地。在这一区域内，利用集体建设用地开发产业和商业经营，不断完善生活基础设施和公共服务设施配置，以满足城市生活多样化的需求。

（2）庄园集群式的核心结构

创新型田园城市发展的核心，是打造以产业庄园为主体的高端产业与服务集群，从而带动城市居民与乡村居民的相互流通，以此平衡乡居人口结构。产业庄园按照1：9配比规划产业用地和农业用地，形成小型产业经营体。其中，10%集体建设用地，用于产业发展需要的高端实验室、智能化工厂、高端写字楼、金融工作室、社交平台、商务会议空间等的建设。这一区域是集高科技智慧工厂、智慧办公、创意创作、交流会展、休闲商务于一体的庄园建筑核心。90%农业用地，用以维持优良的生态环境，发展现代高技术农业、生态农业、特色农业、创意农业、休闲农业等基础产业。两者有机结合，由产业开发运营商投资，构建三产融合、宜产宜商宜旅宜居、一流田园意境的产业庄园。

创新型田园城市里的庄园式产业集群，是以高端产业为主导，特色产业聚集的产业发展高地。其中，高端产业庄园，是智能制造与商务庄园的融合，能够吸引创新创业企业、高新技术企业以及高科技人才入驻，从而大大提升区域发展潜力。度假和休闲庄园，是创新型田园城市中旅游功能的主要载体，结合休闲度假、文化艺术、康体养生等多元化产业，促进一二三产业融合，吸引游客，带动旅游产业链发展。

（3）“一庄一品”的特色产业结构

创新型田园城市庄园集群的核心在于多元化的特色产业结构，“一庄一品”是保证庄园可持续发展的关键。基于其高端商务、休闲度假、文化艺术、创新创业聚集区的定位，可以发展商务型庄园集群、休闲型庄园集群、艺术型庄园集群和研发智造型庄园集群。

商务型庄园，以高端会议产业为核心，承办国际会议和企业高端会议，开发商务度假、商务活动、拓展培训等功能，打造会展产业下的田园度假梦想地。休闲型庄园，以提升传统农业附加值为核心，种植高价值农作物，发展农产品精深加工，开展农耕体验、康体养生、教育文化、医疗保健、摄影游乐、体育赛事等一系列项目活动，打造以经营性农业和高值农业相融合的休闲度假产业，聚集田园休闲养生度假客户群。艺术型庄园，一般分布在土地价值较低的区域，发展画家村、艺术村等项目，为艺术家提供工作、会议、展示、交流、聚会的愉悦空间，也为艺术爱好者与大师构建交流互动的空间，以此绽放艺术田园的新生态。研发智造庄园，通过招商引进高科技企业、新媒体企业、金融企业和高端智造企业，发展云智能产业和服务，将区域打造成智能制造、节能环保、科技服务等研发重点领域。

3. 创新型田园城市的投融资与运营

（1）投融资模式

创新型田园城市的投资渠道一般可以分为四类。一是政府财政资金补助，这类渠道资金主要用于基础设施建设，完善项目地公共服务体系。二是所在村集体融资，聚集农民的零散资金，用于田园城市经营建设，与农民建立利益分配方式，以分红形式给予集资回报。三是开发商投资，由开发商购买或租赁土地的使用权，进行项目开发建设。四是投资商投资，一方面可以投资项目地，企业获取分红，另一方面可以获取某些功能区的使用权，通过经营获益。

（2）运营模式

运营模式方面，主要以政府、企业和村集体作为运营主体，不同主体承担相应责任。政府负责总体规划和基础设施建设，为项目地匹配相应的商业用地，制定优惠政策吸引高科技企业和高端人才入驻。企业参与田园城市建设投资，负责庄园集群和其他项目的经营管理、商业运作，确保商业项目有序发展。村集体负责政府、企业与农民间的利益协调，动员农民参与田园城市建设。多元化的运营主体分工协作，减少了政府的开发投入，避免了过度商业化，同时也兼顾了农民利益，可实现田园城市建设的共建共赢。

（3）盈利模式

开发创新型田园城市可以获得多种形式的盈利，其中，经营收入、出租收入和出售商品收入是主要的盈利途径。开发收入是指通过出售产业园区等项目的经营权而获取的收益；经营收入是通过经营田园城市内的项目或产品，获得相应收益。同时，出租产品或项目的经营权或者土地使用权，能够获得出租收益。另外，出售农业加工产品、旅游商品等可以增加经营者的售卖收入。

（二）慢村的内涵、建设、投融资及运营模式

在逆城镇化现象日益凸显的今天，高品质的乡村生活成为人们追求美好生活的重要方式之一。慢村正是基于这一市场发展态势，以强劲的乡村度假休闲生活需求为前提，将乡村资源与美好生活需求深度结合，同时兼顾乡村振兴与乡村价值重塑而发展起来的一种新型业态形式。

1. 慢村的解读

（1）慢村是乡村振兴与逆城镇化潮流契合点上的重要创新形态

慢村是度假区，又是乡村综合体，更是产业集聚区。它是一个可以让旅行者放慢脚步，悉心感受乡村特质的目的地，是一个生活品牌，其以“生活，还可以再慢些”为号召，以“慢村的时间，就是奢侈品的终极形态”为产品宗旨，打造一种融合乡村与城市的生活与生产方式。但慢村绝不是一个仅仅为城市居民提供创新业态的品牌 IP（Intellectual Property，知识产权），它致力于乡村价值的发掘、重塑与传播，以及美好乡村的建设。慢村通过“慢村 IP”及产品研发、品牌输出、项目策划、规划设计、开发建设、基金管理、产业运营、物业管理，为我国保留并创造高颜值、超好玩、特安逸、讲品位、有故事、真乡土的乡村。

从我国城镇化发展来看，慢村是乡村振兴与逆城市化潮流契合点上的重要创新形态之一，其背后是对农村、农民、农业，以及工业化城市发展问题的深刻思考与主动出击。投资方不仅仅需要恪守投入产出比例的企业发展红线，还要做乡村发展的推动者、乡村资源的整合者、乡村资产升值的主要受益者、乡村公益的践行者和品牌价值的拥有者。

（2）慢村的三大内涵

①以“五慢”理念打造乡村生活方式。慢村是对现代快节奏生活的一种抗击。在慢村，以“慢”为生活常态，人们从饮食起居、日常劳作的“慢餐、慢居、慢行、慢游、慢活”中逐渐找回内心的平静与富足，逐渐实现食甘其味、居安其寝、行安其道、游乐其景、活乐其心的乡村生活方式。

因此，慢村的产品设计，非常注重通过细节对现代生活中“时间紧迫”的创伤进行修复，重新发现乡村安逸快乐的美好生活，并通过与现代文明的

融合，打造精致、有品位的新乡村生活方式。

②保持村庄原貌与土地关系。从共享角度而言，慢村是对乡村原有闲置资源的再开发，在“真乡土”“真受益”的理念下，慢村以“四不变”为基本原则进行开发运营。

一是保持原有村落格局不变。乡村原有的空间格局是乡村人际关系的基本支撑，较小的空间尺度是人与人之间亲密关系发展的基础，因此，以追寻乡村慢时光为目标的慢村，应保持原有村落格局和空间尺度。

二是保持原有生活方式不变。生活方式是乡村文化的集中体现，从吃穿住行到民俗活动，无不体现着乡村的生活观、价值观。因此，保持乡村原有生活方式是保护区域文化内核的题中之意，也是发展新的融合文化的基础。

三是保持原有用地性质不变。乡村不能抛弃“农”的本质，不能侵犯农民的土地权益，因此，慢村的开发应恪守乡村用地性质不变的原则。

四是保持原有产权关系不变。慢村的开发应以保护原有权利人利益为前提，因此，在积极鼓励通过土地出租等方式进行土地集中开发的同时，应尽量保持乡村原有所有权、承包权不变。

③系统性消解农村发展与城市资本的对立矛盾。在传统的乡村开发中，经常出现城市资本通过对乡村资源的租赁开发，赚得盆满钵满，而村集体与农民个人难以获得开发红利的情况。为更大程度上保护农民利益，慢村的开发实行“五优先一自愿”原则。即“物业优先租赁、产权优先购买、就业优先安排、产品优先采购、政策优先覆盖”的五优先与“土地自愿入股”的一自愿相结合的方式，以系统性消解农村发展与城市资本对立的矛盾。更为重要的是慢村“三变”：资源变股权、资金变股金、农民变股东。即将农宅、农地等闲置资产，智力、信息、服务等无形资源转为股权，并将政策扶持资金也转为股权，由农民持有，农民成为股东，共同构成乡村开发主体，成为利益共享者。

慢村通过“三变”“四不变”“五优先一自愿”，为人们提供更加美好的乡村生产方式，更高品质的乡村生活，实现更加充分、更加平衡的城乡发展。

2. 慢村的四方共建模式

慢村的开发建设，需要资本方、慢村策划运营方、政府、村民各方明确权责利，开发权、运营权、土地所有权等权属分立，各方各司其职，共同构建四方共赢的建设模式。

（1）资本方投入资金

企业是慢村开发建设的主体，慢村的建设以社会资本介入，市场化运作为宜。在资金筹措方面，可以通过企业独资，或与政府合作成立公司共同出资等方式解决政府建设资金不足的问题。同时企业通过土地整理、土地一级开发、住宅房地产开发、慢村公共服务设施开发等先期投资，获得资产使用权、慢村品牌使用权，并通过慢村发展获得资产的增值，最终实现企业的发展壮大。

（2）慢村策划运营方提供 I－EPC－O 总服务

慢村首创 I－EPC－O 总服务模式，即提供包括 I（孵化）、E（规划设计）、P（PPP 模式）、C（建设施工）、O（运营管理）等从开发建设到运营管理的一体化、全流程智力服务。在策划阶段，通过前期研究给出投资决策，在对区域进行详细分析与全方位研究基础上，通过概念性规划确定空间，通过方案设计确定村庄形态；在建设阶段，将依托对慢村 IP 的深刻理解与地块的深入研究，进行建筑设计、景观设计、室内设计的指导，并在建设完成后，进行开业筹备，详细制订营业计划、推广运营方案及管理方案，推进慢村的运营管理工作。

（3）政府提供配套支持。在慢村的开发建设中，政府主要负责用地协调与基础投入

由于慢村涉及环境卫生、村民自治管理、医院、银行等公共服务项目与配套项目，这就需要政府根据建设要求，整合协调慢村的建设用地，保证慢村项目的顺利建设。此外，由于慢村部分项目具有公益性，如村貌改造、环境、厕所等卫生设施建设及垃圾清理、村民文化活动、村内道路建设、给排水工程等，这一系列工程都需要政府的基础设施与公共服务资金投入，以完成美丽乡村整体形象的初步提升。

（4）村民以乡村合作社形式进行经营管理活动

农民在自愿互利的基础上，组建乡村合作社从事乡村产业的运营管理。合作社成员在合作社理事会管理监督下参与经营性活动，如家庭旅馆、农家乐、商铺等，或作为产业工人服务于景区及度假区。合作社成员以农田及宅

基地入股，以此来分享乡村开发所带来的各项收益。合作社在其中主要有五大职能：一是维护社会稳定，合作社通过制度化的管理监督维护乡村旅游市场秩序，构建和谐的乡村旅游社区；二是有序组织经营活动，合作社开展的组织化建设和产业化经营，有利于乡村旅游发展；三是治理运营环境，合作社持续推进乡村旅游品牌化建设，营造规范化运营环境；四是协调相关工作，合作社对乡村环境提升、拆迁、安置工作进行协调与管理；五是激发活性，合作社通过股权集体持有，共享分红等方式提高农民收入，激发农民参与乡村旅游建设的积极性。

3. 慢村的发展架构

慢村是乡村发展的着力点，在慢村带动下，乡村将实现经济、社会、文化的全面复兴，形成新时期下可持续的新型乡村结构。

（1）三产联动，形成乡村发展基础

产业是乡村发展的基础，而传统农业难以提供乡村发展的持续动力。在此背景下，慢村以外来消费为发展基础，引入旅游等第三产业，以三产提升一产附加值，推动二产发展，形成三二一产业联动的发展模式，从而为乡村提供持续发展的动力与基础。具体发展逻辑如下：

慢村通过美好乡村生活方式的营造，将对流动性旅游人口及常住创业人口形成吸引，而这些人口聚集所产生的休闲度假、生活创业需求，将大大激发乡村的民宿业、餐饮休闲业、健康服务业、酒店服务业、会议会展业、文旅产业、零售服务业、乡村电子商务、亲子教育业、演艺产业、交通业等第三产业的发展。在第三产业的带动下，将极大提高粮食蔬菜种植、家禽养殖、水产养殖等第一产业的附加值，种植养殖产品不仅能获得农业收益，还将获得旅游带来的商品价值提升，同时推动农产品深加工与手工艺制作等第二产业的快速发展，最终构成三二一产业联动的发展模式。

（2）多元收益，提高乡村品质

慢村的开发使村民闲置的宅基地与农地得到充分利用，村民获得土地增值分红收益、经营分红收益、股权收益、就业收益等综合发展收益，这将极大改善村民的经济状况，优化乡村的经济结构。

以经济条件改善为基础，村民将更加注重文化生活水平以及个人素质的提高，这将整体提高乡村的精神文明，为乡村文化发展提供肥沃土壤。

此外，在慢村的带动下，乡村基础设施与服务设施建设将不断完善，景观环境、生活环境与文化环境将极大改善，从而彻底改变乡村原有的老、破、小、穷的形象，使乡村成为品质生活的新代表。

（3）新乡民下乡，完成乡村社会更新

产业的衰败和人口的流失，是乡村衰败的主要原因和表现。而慢村在导入新产业、优化产业结构基础上，还将带动城镇人口、打工青年的回流，改变乡村人口结构。慢村的发展，提供了职业农民、农产品销售员、互联网技术人员、农产品包装工人、手工艺品制作人、文创个体户、乡村讲解员、酒店服务员、民宿经营者、美食烹调师、养生保健师等众多的就业机会与职业形态，这将吸引在外打工的乡村青壮年返乡就业，而心怀乡土的新知青、艺术家、创业者、跨界精英等将成为新乡民，组建新社群，与原来的乡村居民一起重塑乡村的人口结构、文化结构与社会结构，使乡村建立起以产业为基础、人口回流为核心的新乡村社会发展模式。

4. 慢村的总体布局与产品设计

慢村既要满足短居人口的休闲度假需要，更要满足常住人口的休闲生活需要。因此，在产品设计层面，既要有特色的乡村旅游产品、居住产品，还要有满足日常生活的超市、商店、餐饮、休闲等商业服务设施，幼儿园、卫生站、图书馆等公共服务设施，以及满足产业发展需要的创客空间、电商中心等企业服务设施。

（1）空间布局

从空间布局来看，集中了商业与特色乡村业态的休闲娱乐区与常住人口的居住区相对独立，中间通过科教文卫公共服务设施隔开，这样既保证了常住人口居住环境的静谧与隐私，也保证了休闲娱乐业态的聚集带动效应。同时，村民共生安置的“慢村原舍”紧邻新乡民居住区，便于新旧乡民的交流、文化的融合，以及社会的更新。

（2）服务产品

从服务功能上来看，每个慢村都包含会员制产品、商业产品、公共服务配套产品、居住产品四类产品。

会员制产品以亲子互动教育与乡村体验为主，以会员卡或者门票优惠形式，仅对符合条件的会员开放。其中，亲子互动教育产品包括疯狂农夫（乡村儿童乐园)、自然学堂(亲子自然教育)、非遗学院(亲子传统教育),乡村体验产品包括慢村田园(有机餐饮农场)、露营地(乡村生态体验)、慢村嘉年华(乡村休闲娱乐)、慢村社戏(原乡文化艺术)等。

商业产品主要满足旅游度假人群的吃、住、购、娱等需求,对所有到访慢村的人群开放。

公共服务配套产品主要为慢村的原住民与新乡民提供基本的公共服务配套,以及为创客群体提供创业的基本场所与服务。居住产品包括村民共生安置的“慢村原舍”、精英社群下乡的“时间庄园”、创客定义乡村的“我的院子”等。三类居住产品各呈独立的聚落,共享慢村的公共服务空间,居住区保持私密性,公共空间加强融合,激发创造力。

5. 慢村的投资与运营

慢村是在原有村庄结构上的建设与提升,因此,投资额不会像其他建设项目那样,动辄几十亿元,甚至上百亿元。经测算,慢村的投资一般在4亿元左右。其中,基础设施与慢村庄园一般由企业投资,投资额在2亿元左右。而商业产品、公共服务配套产品、居住产品则根据产权、使用权、经营权等的不同,由参与者共同投资,总投资额一般也保持在2亿元左右。

慢村的投资回报期一般在1.5～3年,其主要的营收来自农夫市集、乡村有机餐饮、疯狂农夫、慢村社戏、乡村精品店等能够体现乡村特色,具有稀缺性、乡土性、生态性、体验性的产品。

在具体投资操作上,可以采取单独投资的模式,或采取引入社会资本风险共担的模式,而不同的模式形成不同的利润分红方案。其总的原则是在保证村民分红比例的前提下,投资方拥有100%的资产处置权,获得大比例的利润。

(三)共享农庄

从滴滴打车到共享单车,再到共享农庄,共享经济犹如雨后春笋般在中国这片沃土上生根发芽,茁壮成长。党的十九大报告中强调“在中高端消费、创新引领、绿色低碳、共享经济、现代供应链、人力资本服务等领域培育新增长点、形成新动能。”2017年年底,农业部部长韩长赋在农村工作会议上强调,向拓展农业功能要效益,鼓励发展共享农庄、分享农场、创意农业、特色文化产业。共享农庄开始进入国家层面视野。

在深化农业供给侧结构性改革的大背景下，共享农庄是利用共享经济，盘活乡村闲置资源，提高农民收入，实现乡村现代化，推动乡村振兴的重要举措。在土地流转政策稳步推进过程中，共享农庄将成为乡村经济结构调整与精神文明建设的新动能。

1. 共享经济与共享农庄解读

近年来，共享经济成为世界各国热议的经济理念之一，2011 年，美国《时代周刊》更是将“共享经济”列为未来改变世界的十大思想之一。我国从 2012 年滴滴打车与快的打车成立以来，以共享经济理念催生的创新产品不断涌现。特别是 2016 年李克强总理在政府工作报告中强调要大力推动包括共享经济等在内的“新经济”后，以共享为理念的平台迅速发展起来。共享农庄即是在这一背景下发展起来的新业态。

共享农庄不同于一般意义上的农庄，它是将共享理念、科学技术与农庄融为一体的乡村农旅融合发展的创新业态模式。具体而言，共享农庄主要有四个特点：以“共享”作为开发、建设、运营的基层理念，通过乡村闲置资源的包装，助力乡村振兴；涉及政府、企业、农村合作社、农户等多主体的参与和利益共享；依托互联网、物联网等技术，实现共享交易服务；以“使用”而不是“拥有”为理念，打造一种全新的消费方式。

2. 共享农庄建设的现状与问题

近两年来，“共享经济”理念逐渐深入人心，一些个人、团体、企业等开始尝试共享农庄开发建设。在这方面，海南无疑走在了全国的前列。2017 年 4 月，海南省政府从官方层面首次正式提出“共享农庄”的概念，并在同年 6 月召开了“以发展‘共享农庄’为抓手建设田园综合体和美丽乡村”培训推进会，共享农庄被定位为解决城乡发展中诸多问题的有力武器。同年 9 月，《海南共享农庄创建试点申报方案》发布，海南开始推进共享农庄试点工作，截至 2017 年年底，海南省公布了首批 61 个共享农庄试点，成立了海南共享农庄联盟，共享农庄已经成为海南解决城乡问题的重要载体。

此外，一些省市也以企业为开发主体，加入共享农庄建设的行列中。如北京市已有 2 000 多套农庄加入“共享农庄”，对外公开出租，年租金在 2 万～5 万元，同时开发企业还为购买者提供定制装修等服务。

综合来看，共享农庄开发还处于起步阶段，出租闲置的乡村房屋，共享乡村的农田及有机农作物是目前主流的发展模式，市场对以使用权为核心的共享农庄产品具有一定的认可度。显然，共享农庄提供的产品还缺乏对共享理念充分的挖掘，互联网、物联网等新技术的介入稍显不足，共享平台的构建模式，以及企业、政府、农户的合作机制还在探索中，这些都需要参与者在未来发展中转变观念，寻找共享农庄开发建设的创新点与突破点。

3. 共享农庄的结构

（1）共享结构

以乡村闲置资源为基础，共享农庄的共享包括企业与村集体、农民间的股权共享和收益共享；消费者与农民间的资产共享、生产资料共享、生活资料共享、情感共享；开发企业与第三方企业间的市场共享、客源共享等。其中，股权共享、资产共享、生产资料共享和生活资料共享是基本的共享结构，具体体现在房屋与田园资源的共享。

在房屋共享方面，消费者通过购买一定时间期限内的使用权（时权），享有房屋的使用权益，同时还可通过时权交换平台，跨项目、跨区域实现时权的交换，以及时权的转让与馈赠等。在田园共享方面，通过时权共享、产品共享、股权共享（农民、合作社、投资人、消费者的股权相结合）、资产共享和生产生活资料共享等模式，最大限度地运用土地的租赁权和使用权，同时使消费者享有农产品的种植品种选择权、所有权和经营权。

（2）发展结构

企业通过构建共享交易平台推动共享农庄的建设与发展。共享交易平台作为一种媒介，主要对接的是乡村闲置资源与消费者需求，从而实现闲置资源的社会共享。而共享农庄提供的就是这样一个平台，通过协调农户、企业、政府的不同角色，整合资源，构建交易平台，实现乡村与消费者之间的共享。共享农庄是在农户、企业和政府共同支持下建立的，其中农户提供资源支持，企业对共享农庄进行顶层规划设计和开发运营，政府支持引导共享农庄的建立，并提供相关制度保障。

4. 共享农庄的开发运营模式

（1）顶层设计

从共享农庄的本质来看，共享农庄是共享理念、平台化思维与度假结构、农庄开发结构彼此融合的实体呈现。因此，共享农庄的顶层设计应在充分考虑政府、企业、村集体、农户、消费者各方利益的基础上，在从资源挖掘到农庄运营的一体化开发过程中，对农庄的度假结构、整体开发结构、共享模式进行综合性落地设计。好的顶层设计应实现区域的社会效益、经济效益、文化效益的最大化。

共享农庄的度假结构以乡村旅游度假居住为前提，以田园生活为依托，以多维度的消费需求为导向，重点打造生态环境、农家餐饮、田园劳作、乡村文化、乡村生活方式等度假内容，形成集住宿、餐饮、休闲、观光于一体的度假支撑能力。农庄整体开发结构则需要统筹考虑从土地获取到产品运营的全过程，包括农户与整体关系的处理，农庄基础设施与公共服务设施的建设，共享平台的搭建运营，项目的投入产出预算等各方面内容。共享模式则包括共享理念在农庄开发、建设、推广、运营等各阶段的渗透，以及与各主体间共享机制的构建。

(2) 合作机制

共享农庄的合作建设模式一般分为三种，即以企业为主体的“企业＋农民”或“企业＋农民合作社＋农户”的模式，以农民合作社为主体的“农民合作社＋农民”的模式，以及以农村集体经济组织为主体的多种形式股份合作模式。其中，企业为主体的模式是目前最常采用的模式，主要涉及企业与政府、第三方市场主体，以及企业与农民合作社间合作机制的建立。

企业与政府间的合作模式为政府搭台、企业唱戏。政府主要通过政策引导及土地、资金等政策优惠，为企业提供良好的建设环境，支持企业搭建共享合作平台；在建设过程中，政府的乡村基础设施与企业的共享农庄基础设施应划清权责界限，通力合作，有效使用建设资金；在建成之后，政府应通过旅交会等政府市场资源，为共享农庄进行宣传推广，支持企业的共享农庄发展。

农户在自愿基础上，将所拥有的承包地、宅基地等资产，注入农民合作社，成立农村集体企业，变为股东。开发企业再与农民合作社、地方政府等成立股份制公司，共同承担共享农庄的开发经营，并共享收益。这一合作模式避免了企业直接向农户租赁闲置资源的纠纷及资产的管理压力，有利于不同参与主体间的分工合作。农民除享有股权分红外，还可受聘到农庄中工作，代为管理农田、民宿等，从而获得稳定的工资收益。

企业与市民的合作贯穿于共享农庄开发与运营的全过程。在共享农庄建设之初，市民可以通过资金入股、购买农庄未来使用权等方式定制个性化产品，进行农庄投资。当农庄建好后，市民可以享有定制的产品，农庄获得收益后，根据初始投资比例进行分红。此外，市民除是“投资者”外，还是“消费者”，即承担了生产者和消费者双重角色，从而可以直接决定种什么、种多少，从而打破传统的农产品销售流通形式，减少无效市场供给。

企业与其他市场主体的合作主要在产品体系构建及营销推广层面。共享农庄运营企业通过招商引资，为农庄导入技术、资本、IP、人才、经验等资源，并通过提供孵化服务，逐步构建农庄多样化的业态结构，这些产品业态与共享农庄结合共同形成市场吸引合力，共享因不同目的而来的消费客群。在产品运营、品牌塑造方面，他们通过协商合作的方式，多渠道、多角度打造品牌，共享品牌红利。

（3）产业模式

共享农庄的产业构建包括两个层面：一是农业自身的转型升级。农业是共享农庄发展的基础，在“农业农村现代化”的总目标下，共享农庄的农业升级应从特色化、有机化、智慧化入手。特色化方面，应依托区域农作物优势，去粗选精，通过现代种植技术，培育独特的农产品种类；有机化方面，应通过现代技术，恢复土地生态活力，并通过鱼稻共生等系统的构建，打造有机农产品品牌；智慧化方面，应在农业管理、农产品推广等方面充分利用互联网、物联网等现代技术，为农业注入更多的现代化元素。二是农业与泛旅游产业的融合发展。农业与旅游、休闲、体育、商务、教育、康养等产业的融合将形成农业泛旅游产业链，带动区域相关产业共同发展。同时吸引技术、资金、人才返乡，为乡村居民提供更多就业岗位，从而实现乡村的可持续发展。

（4）产品模式

共享农庄在实际发展中，常常是几个乃至几十个农庄在某一区域形成组团，组团内的各农庄通过功能的划分与特色的共享，形成一个组合式的发展结构与互补式的产品体系。在农庄组团的中心地带，可以通过导入外部品牌或内部核心资源的开发，构建一个具有核心吸引力的旅游休闲项目，形成品牌号召力与客户吸引力。

从目前的市场需求来看，田园康养、商务休闲、旅游度假、文创乡创等主题产品将成为共享农庄产品的重要方向。在产品打造方面，应更加注重共享理念的渗透与产品的创新。需要强调的是，共享产品的培育应成为推动共享经济的有力工具，使“共享＋”成为农庄独特的旅游吸引力，实现农庄从形到神的“共享”蜕变。

在以“共享＋”打造的农庄产品中，依托于乡村闲置房屋包装的时权居住产品将成为未来的重要风口。这类产品通过产权分割、时权转化、酒店化经营、旅行服务四位一体的产品模式实现产权、时权的分割、转化，而产权、使用权的分离又可以演化出使用权交换的相关产品。如通过共享平台的打造，将全国成百上千家共享农庄居住产品的时权进行组合包装，后续根据一定条件，赋予居住时权对等交换土特物产、生产资料、代耕代种等商品与服务的功能。这样不仅实现了共享农庄内部客流的轮动，而且为农庄导入了大量外部客流，保障了农庄经营价值的提升。

（5）运营模式

与一般农庄及度假产品的运营不同，共享农庄运营模式的独特性主要体现在两方面：一是利用云端互联网技术打造共享交易平台，为全国乃至全球的供需配对，需求的方向主要在乡村度假、农业开发、“农业＋”融合产业开发、金融服务、科技研发、物业服务等方面；二是以资源共享为基础，构建企业、政府、村集体、农户、消费者全员参与的运营模式。

（四）市民农庄

近年来，以农家乐、农业观光体验等产品为主要形态的农旅融合模式在一定程度上推动了乡村的发展。但这并不能从根本上解决农村人口流失、产业发展的瓶颈，乡村的可持续发展仍面临严峻局面。市民农庄依托我国乡村土地政策的改革，以乡村休闲居住、返乡创业等市场需求为基础，探索城乡融合发展的新模式。

1. 市民农庄解读

市民农庄由国开金融有限责任公司最早提出，本质上，是一种城乡统筹的开发模式。它以“大企业融合村民企业”为平台，以“顶层设计、系统规划、统筹实施”为方法，以市场化运营为原则，实现市民下乡及资金技术下乡，推动各项生产要素向乡村汇聚，在保障农民获得财产性收益的基础上，使农村发展对接城市需求和城市资源，从而有效回流资金，带动乡村持续发展。

2. “市民农庄”的战略价值

市民农庄对新常态下国家经济的增长与乡村振兴都具有重要的战略意义。市民农庄模式的实施以市民阶层的消费力与带动力为依托，采取“先在大中城市的周边农村试点，然后再逐步向偏远的农村地区复制”的推进策略。这一模式将持续数年乃至数十年，为中国经济增长提供持续动力。

据国开金融给出的初步测算，按照城市消费辐射直径100千米（一小时交通圈）计算，理论上每个大中城市周边可实施市民农庄模式的面积约3万平方千米，全国累计将超过100万平方千米。每平方千米的乡村建设投资强度不低于1.5亿元（包含农民安置、基础设施、市民农庄、相关的旅游休闲等产业投入），理论投资总量将超过150万亿元。如果按照未来30年持续建设考虑，平均每年的理论投资总量将超过5万亿元（即便在实际运作中打折扣，总量规模仍然非常可观），这将成为拉动经济增长的持续动力。

在乡村振兴层面，市民农庄依托农村独特资源，通过对乡村的统筹开发，盘活乡村闲置土地，打造满足城市居民不同需求的产品，为乡村导入人口，导入可持续发展的产业，从而激发乡村活力，实现乡村振兴。

市民农庄针对城市人口对有机食品、休闲度假、返乡创业、回归田园等的需求，为市民提供可供租赁的土地，开发有机农产品、居住、租赁、休闲度假等产品服务，同时为企业提供旅游开发、创客创业等土地资源，培育乡村产业发展环境，构建人才吸引力，解决乡村发展中的产业与人口问题。

从目前的建设情况来看，全国已有多个市县进行市民农庄的试点工作。如重庆市巴南区的市民农庄建设、四川省成都市大邑县新场市民农场试点、贵州省玉屏市民庄园试点、江苏省无锡市阳山市民农庄暨田园文旅小镇项目、黑龙江省哈尔滨市通过市民农庄建设美丽乡村模式等。综合来看，市民农庄的建设强调“三农”发展、旅游打造、城镇化建设的统筹整合。但具体到投融资方式、农旅城乡统筹模式、乡村再造形态等，目前尚未有统一的模式可供参考，市民农庄的开发建设、管理运营模式有待进一步研究与实践。

3. 市民农庄的开发运营模式

（1）搭建市场化的开发运营平台

市民农庄涉及政府、企业、村集体、村民、市民等多方利益，为保证各方利益，有效利用农村集体土地，可通过地方政府、村集体企业（农民以财产权益入股)、金融机构、市场化机构联合成立混合所有制公司，搭建乡村开发平台，共同负责市民农庄的开发运营。其中，地方政府发挥政策优势，金融机构发挥资金优势，市场化机构发挥运营优势，共担责任，共享收益。

在国开金融的实践中，乡村开发平台下设农业服务公司、物业服务公司、产业运营公司等子公司。其中，农业服务公司是基础，在三方面发挥效力：第一，农业服务公司统一负责乡村农业的经营管理，公司对农田进行统一种植，帮助租赁农庄的市民打理农田，有效提升了农产品的附加值；第二，农业服务公司将更好地利用先进技术，提高生产效率和产品品质；第三，农业服务公司具有较强的市场运营能力，可以对农业品牌进行有效包装，采取全方位的营销手段打造农庄品牌。物业服务公司主要为市民农庄、公司总部基地、创客基地等提供保安、保洁、餐饮等服务。产业运营公司为根据主导产业成立的文化旅游、运动康养等子公司，主要对乡村的产业设施进行统一的建设运营，实现长期收益。

（2）创新融资模式

市民农庄投融资的关键是盘活农村以土地为核心的可利用资产，这需要大量的开发建设资金，需要政府、金融机构、社会团体群策群力，建立多元化的创新金融支持体系。国开金融在项目的不同推进阶段，采用了不同的融资方式。如在建设期，设立农村产业融合发展投资基金，发挥中央预算内投资的杠杆作用，引导社会资本进行乡村产业投资。金融机构则可以研究建立集体建设用地抵押贷款的金融产品，创新乡村建设的贷款模式。在运营期，金融机构可研究租赁权益质押方式，创新推出市民农庄消费贷款产品。在成熟期，市民农庄可通过资产证券化的方式实现公司上市，运用社会资本提升农民与村集体的财产权益价值。

（3）多方共赢模式

在市民农庄模式下，农民、村集体、开发公司、地方政府等各方通力合作，多方共赢。

农民是这一模式最大的受益者。一方面，他们的经济收入显著增加，除享有劳动薪酬收益外，还通过权益入股的方式激活了资产，每年享受固定的分红收益，财产性收入大幅增加；另一方面，市民农庄的开发大幅提升了乡村的基础设施与公共服务设施建设水平，改变了农民原有的老旧小的生活环境，他们在享有田园生活的同时，享受着现代化的生活方式。

市场化公司在这一模式下，除实现企业的社会价值外，还享有多元化的收益，如经营收益、商铺出租收益、租赁收益与产品收益等。

地方政府在这一模式下，可以充分利用社会资本解决“三农”问题，实现乡村的可持续发展。一方面，改变传统的农业产业结构，打造一二三产业融合的产业体系，为农民创收提供条件；另一方面，使农村实现现代化的生活环境与生活方式。

（五）乡村民宿

2015 年 11 月，《国务院办公厅关于加快发展生活性服务业促进消费结构升级的指导意见》发布，首次明确“积极发展客栈民宿、短租公寓、长租公寓等细分业态”，民宿正式进入官方视野。据调查，截至 2016 年年底，我国大陆客栈民宿总数已达 53 852 家。为规范民宿建设，鼓励民营资本进入，原国家旅游局于 2017 年 8 月颁布行业标准《旅游民宿基本要求与评价》，民宿建设开始进入规范化、标准化阶段。

近年来，民宿吸引了众多资本进入，包括以携程、首旅集团为代表的旅游服务类资本，以东方园林为代表的市政工程类资本，以及更多的地产和其他旅游相关产业资本。民宿的兴起也催生了以多彩头、“开始吧" 为代表的民宿众筹平台。而随着农业供给侧结构性改革与乡村振兴战略的推进，资本与专业的品牌管理运营人才开始介入乡村民宿的建设。乡村民宿是对乡村闲置资源的充分利用，解决了城市资本往哪投、农民手里的资源如何合理利用的问题，它将成为乡村振兴战略又一重要的抓手。

1. 民宿解读

（1）民宿的概念

民宿从概念上可以分为广义的民宿和狭义的民宿。狭义的民宿是利用自有住宅空闲房间，结合当地文化，以家庭副业方式经营，提供餐饮、住宿等服务的场所，强调产权的自有性和经营的副业性。广义的民宿是指区别于一般常见的饭店和旅社之外的，具有独特吸引力的小型旅游接待设施，强调的是主题的特色性。这里阐述的民宿更多是指广义上的民宿。

（2）民宿的特征

民宿作为一种有别于传统酒店、饭店、宾馆的住宿业态，之所以能满足市场日益变化的消费需求，得益于其自身的独特性。

第一，民宿的建设相对比较灵活。传统酒店的建设需要经过严格的土地出让、房屋建设等各种手续，而民宿的规模小，体量灵活，可以利用闲置民宅甚至废弃厂房进行改造，建设流程简单，在短期内就能适应市场消费风格的转换。

第二，民宿对景观资源的利用度高。民宿多邻近良好的自然与人文资源，可以利用这些资源开发具有当地特色的经营项目，其本身也会成为旅游体验的资源之一，并与其他资源形成较强的协同和融合能力。

第三，民宿强化人际交流。民宿与当地居民关系密切，客人可以方便地体验当地的风土人情，房型设计比较灵活多样，方便出游家庭或小团体的交流。

第四，民宿在空间与环境设计上强调个性与特色，注重地方性、文化性，这也吸引了对文化需求越来越高的消费市场。随着网络技术和销售模式的发展，分享经济与短租平台的建设大大提高了民宿客栈的使用便捷度，打破了市场渠道方面的瓶颈。消费升级，需求多样化必然引导中国民宿业走向多元化。未来，人们将把非常态的居住民宿客栈行为常态化，民宿也将迎来一个持续发展的时期。

2. 民宿的筹建步骤

在民宿迅猛发展的势头下，消费市场却呈现出两种截然不同的发展形态。一方面，以莫干山、丽江为代表的少部分早期民宿发展区，依托成熟的旅游市场表现出强劲的发展活力，部分网红民宿全年无淡季，定价甚至高过星级酒店；另一方面，超过 70%的大批新兴民宿经营者，却面临着定位失准、客源不稳的发展困境，在日益激烈的竞争之下举步维艰，民宿的建设供给也受到市场诸多的质疑。有些建设者凭自己的行业背景及对某些单一因素的执著，盲目地开展民宿建设，导致很多民宿入住率低、投资回收期长甚至亏损。仅靠情怀难以支撑民宿持久的经营与发展，民宿建设要建立商业思维。投资者既要准确认识民宿的发展前景，更要以科学的思路投入民宿的建设当中。民宿的筹建大致有以下几大重要步骤：项目选址、定位、规划设计、施工建设、融资、运营等。

（1）项目选址

①选址的重要性。决定一个民宿成功的因素有很多，而选址这个先天性

极强的因素是决定成败的根基。因为选址一经确定，民宿的生态环境、旅游圈层及市场方向就大致确立了，选址不理想，后期的建设和运营都会事倍功半。成熟的民宿及民宿聚集区无不具备极佳的选址条件。综合来看，主要有两种选址类型。

一是选址于景区周边，依托景区景点的吸引力，借助先天的旅游住宿市场，与周边娱乐、餐饮等旅游配套共同形成旅游区的旅游服务体系。云南洱海周边民宿集群就属于这一类型，洱海地处中国独特的地理气候区域，享有绝佳的湖景、山景和人文资源，并形成了良好的旅游环境，这个地区的民宿主要服务前来旅游区观光旅游的消费人群。

二是选址于城市周边，以邻近城市庞大的消费市场为动力。一线城市或城市群近郊往往成为各大投资者争抢的热点区域，其消费群体往往没有明确的目的，休闲度假的需求仅仅是身心的放松。这类民宿与主城区的区位与交通的关系成为制约其发展的重要因素，但良好的自然环境同样是硬性条件，就近的旅游景点和资源也会提高民宿的经营品质。

②选址的重要因素。影响选址的因素很多，重要因素可归纳为以下几类。

区位选择。中国地域辽阔，各地区自然环境、人文风貌、经济发展水平千差万别，人民的消费水平、消费偏好也随之各异。区域的经济发展水平和旅游资源条件是民宿选址时需要考虑的重要因素。一二线城市或城市群相对全国其他经济水平偏弱的城市来说，居民出游率和出游消费水平都高出许多，这些地区具有较大的中高端旅游消费市场，能够为民宿发展提供坚实的市场基础。另外，有相当一部分地区，或气候宜人，或景观奇丽，或人文深厚，这些地区具有全国性的旅游资源优势，能够吸引大量游客，是孕育民宿的绝佳土壤。

交通。作为一个需要到达目的地才能消费的行业，交通的便利性对于民宿发展是一个重要因素，距离客源市场的远近决定了潜在消费群体的数量。交通的可达性对不同定位的民宿来说，有不同的要求。对于定位为观光游或景区配套的民宿来说，公共交通可达核心景观的时长不宜超过 30 分钟。对于客户定位为城市近郊自驾休闲度假群体的民宿来说，距离一二线城市主城区不宜超过 2 小时车程，距离邻近知名景点不宜超过半小时车程。而在三四线城市，对自驾时间要求则更短。

区域环境。区域环境是选址当中最为重要的因素，消费者群体选择民宿作为住宿的目的地，首先要对其区域环境认可。评价区域景观时，不仅要考虑山水生态景观的品质，更要考量区域景观的独特性。在所针对的市场环境范围内，其景观越是具有稀缺性、唯一性，其价值就越大。如果民宿选址处在重点景区、世界遗址或一个有着某种象征意义的地区，对应的客流量会比普通景区大很多。

地块状况。在确定良好的区域环境之后，要考虑具体地块的状况。地块与周边水系、景点、交通干道的关系都影响着民宿的品质。依山傍水的位置、古树、文化遗迹，以及绝佳的观景或视野都会给民宿加分。

资源。资源对于民宿来说没有固定的范围和界定，但基本可以划分为两种类型。一类是能带来美好境遇和体验的环境事物。周边方便可达的景区、地块周边独特的草木山水、地区浓厚的文化氛围都属于这类资源。选址的时候占有这类资源越多，资源禀赋也就越强。另一类则是能完善补充民宿功能的相关业态。民宿在旅游产业中主要承担的是“住”这一要素功能，可以适度延伸吃、游、娱等其他功能。但在实际建设中，民宿很难把其他要素都囊括，所以民宿周边具有一定的其他配套业态是很重要的，这样不仅能增加民宿的吸引力，也能减少民宿建设的公共服务投入。如医疗、安保等社会服务类的配套，能够为旅游消费者乃至民宿自身提供健康、安全的保障。

基础设施。民宿体量较小，设计及布局上灵活性强，而作为经营主体，给水、排水、强弱电、消防、排污处理等方面都需要细致考虑。如果民宿所建区域配套设施不全面，建设成本及运营成本也会增高；如果电容量不够需要增容，或是缺乏稳定健康的生活用水，电力增容或增加供水设施可能比改造民宿的成本还要高。特别是在一些距离城镇较远的村落，所有基础设施都要在确定选址之时做系统的规划。

政策。民宿的选址也要考察所在地区的政府态度与相关政策，这是行业最不可控的一个因素。民宿属于新兴的旅游住宿方式，很多地方政策法规的指向性并不明朗，不同地方政府也有着不同的态度，这就决定了办理证件的难易程度。民宿选定地址之前必须要和当地的行政单位进行沟通，确保各级行政机构和当地居民的支持，申请相关经营证照。签订租赁合同的时候确认土地属性和房屋的权属，避免纠纷。目前，大多政府都扶植民宿产业，会提供政策、资源甚至资金方面的支持，并会根据当地特色给予适当引导。

（2）规划设计

民宿的个性、差异化首先体现在空间设计上。民宿的空间设计就是要把定位的精神文化内涵空间化、物质化。民宿在设计当中有以下要点：

首先，民宿追求的不是规模和奢华，重要的是精致而有特色，用独特的设计风格与理念满足市场需求，用一砖一瓦、一草一木的细节精心构建民宿的个性与文化精神，并引入新的生活文化理念，激发民宿自己的个性活力。

其次，当地文化的展示尤为重要。民宿以当地文化生活激发游客的好奇，构成核心吸引力。民宿可以成为一个地区文化展示的窗口，可以表现当地特色风情，让游客体验当地文化的新奇感。因此，民宿的规划设计必须充分挖掘和突出当地文化元素，在保留并凸显当地化元素的过程中创新。

再次，遵循质朴自然的设计原则。民宿度假追求的是一种慢生活态度，是一种回归自然、轻松和谐的意境。规划设计要尊重地域自然生态，营造人与自然、材料与环境的和谐。无论是建筑环境空间还是配套业态，都应该以环保生态为出发点。

最后，民宿需要合理的配套业态补充。游客入住民宿，往往不满足于单一的住宿功能，餐饮、SPA（水疗）、有机农场、儿童游乐等业态会提升游客体验。民宿的配套功能可以借助周边的自然条件因地制宜布局规划，同时应充分考虑区域的联动效应，与周边业态形成互动。在老建筑的改造设计中，特别需要注意建筑结构的稳固性，在设计之初要对老房子进行评估，以明确是否要采取局部或整体加固措施。老房子的防雨防火措施一般相对较差，设计中要考虑必要的改进措施。在北方，由于冬天天气寒冷，室内的保温措施显得尤为重要。在设计过程中，民宿主和设计师需要深入沟通，以保证房间的最终呈现效果。

（3）硬件建设

硬件建设是开办民宿最为主要的内容，也是民宿情怀的最重要载体，包含建筑、装潢、庭院、配套设施等一切物质空间的元素，其中，建筑和环境的空间设计是重中之重。

经过前期调研策划定位、规划设计，民宿建设有了大致的方向和预想效果，接下来的硬件建设将直接决定效果呈现，包括工程概算、建筑施工、软装配饰等。很多民宿的建设是在老房子基础上改造的，这类民宿直接针对老房子进行室内外装饰改造即可，可以免去建筑施工的环节，若有必要，可对老房子进行加固，做局部扩建或改建。

①工程概算。民宿建设的工程预算、成本控制非常重要。在成本投入当中，确保品质的条件下，应尽量减少硬装的花费，避免过分包装。建设完成后，可通过适当的软装提高民宿品质。特别是在相对偏僻的区域，整体物料运输和建造成本较高，应避免过度硬装，适当软装显得尤为重要。在考虑配套业态设施建设时，也要结合整体的投入成本，平衡投资收益。

②建筑施工。民宿建筑与庭院空间单体规模小、细节多，建造过程需要设计师、民宿主、施工队三方密切协作。特别是老建筑的改造，在施工过程中，经常出现结构不可动、施工工艺难以实现等不可预见的问题，这就需要三方协商，更改设计方案。

③软装配饰。民宿的软装可以说是空间的画龙点睛之笔。民宿的配饰涵盖范围较广，包括家具、家电、厨卫用品、植物、装饰物等。恰当的配饰选用能够充分展示民宿的文化内涵，而民宿要传达的生活态度也是在建筑空间和室内外各类事物当中体现的。

（4）投资成本构成及融资方式

在民宿建设初期，投资收益的测算极为关键，要经过对市场的调研预判，确保合适的规模、客房数量、定价标准及相关配套。通过各项成本的测算及收益的预测，应重点平衡建设规模及标准，评估项目的可行性，并采取合适的融资方式。

①民宿投资成本构成及收益。民宿成本包含建设期成本和运营成本，建设期投入包括土地或房屋租金，设计咨询费用，房屋及相关配套建设装修成本。房屋或土地租金一般会呈现逐年递增的态势，在建设初期要做好经营期内租金的预算，避免后期出现租金跳涨直接影响经营。同时在后期运营中，为维护长期的客源，房屋的装修一般在5～8年会有更新或升级，以保持在不断发展和竞争中的优势。民宿相对体量小，配套的增加会使经营品质得到提升，但同时会带来成本占比的显著增加。

运营期包含营销成本、人员工资、维护维修、水电网费、日常消耗品费用等。民宿开业初期，品牌构建、市场传播都处于萌芽阶段，营销成本相对较高。经过一定时间的培育，在赢得一定市场后，可调整战略，选择更加经济高效的营销渠道，适当降低营销投入。民宿收益最大的影响因素是入住率，入住率的预测需要对多因素进行综合分析。这些因素一般包括对周边住宿业态和市场类似住宿品类的调研对比，对地区消费水平的评估等。但民宿与传统酒店不同，很难找到精准的对标，故而入住率仅为建设和运营提供一定的参考，在实际开发中，可通过分期建设的方式对市场投石问路，以前期的经营为后续的建设提供决策依据。

②民宿融资方式。民宿经营场所的产权大多属于农村集体所有，民宿的产权往往不具备抵押借款的基础条件。作为新兴的住宿业态，民宿发展的前景和稳定性难以判断，这就制约了民宿在很多常规渠道中的融资。幸运的是，众筹作为新兴的融资渠道填补了这一空缺。同时在消费升级的背景下，许多不同的行业资本开始青睐民宿的发展，拓宽了民宿的融资渠道。据生活消费领域众筹平台“开始吧”的数据统计，截至 2017 年 7 月底，在该平台上线的民宿项目近 400 个，总认筹金额约 11 亿元，成功率达到 90%。一些明星民宿项目，在上线的瞬间就遭遇“疯抢”，比如云南大理千里走单骑的太阳宫项目，仅 58 秒就突破 2 000 万元认筹额，松赞的丽江项目认筹额达 3 936万元。其中有些项目也不乏炒作，但只要项目可行性高，投资人是会认可的。

现行众筹平台最主要的众筹方式有消费众筹和收益权众筹。消费众筹中投资人将资金投给民宿发起人用以建设，待民宿开始营业后，筹款人按照约定，无偿或优惠为投资人提供住宿接待或其他服务。收益权众筹，是投资人将资金投给民宿项目后，投资人享有项目对应股权部分的分红或一定份额的消费。众筹的方式只需要用合同的形式来明确权利和义务，而且合规合法，不需要做股权转让。

对“小而美”的民宿业态来说，众筹也许是目前民宿最好的融资方式。它不仅解决了资金、用户和品牌问题，更能保护创始团队的控制权。因为这些投资人并没有投票权，不干涉民宿的运营，只是享受分红。

股权融资。在旅游业迅猛发展、消费升级的大背景下，资本在旅游行业的投入也出现了迅猛增长。而作为旅游细分领域的非标住宿，自然受到资本的青睐。这几年携程、美团、首旅、如家，以及地产商们纷纷看好民宿领域，希望利用资金、流量及管理优势，分得一杯羹。据不完全统计，民宿已发生十余起融资。2015 年 3 月，宛若故里获得 1 000 万元天使轮投资，这也是第一家获得风投的民宿。随后，瓦当瓦舍、诗莉莉、木西民宿、山里寒舍、康藤格拉丹帐篷营地等相继宣布获得融资，而松赞、千里走单骑、大乐之野等首轮融资也已基本完成。2017 年 3 月，青普旅游收购曾经的“民宿第一品牌”花间堂，引发业内轰动。

对于希望做成规模化连锁品牌的民宿来说，股权融资是更好的选择。资本的介入，较好地解决了民宿扩张的资金问题，大大提高了发展速度。同时，某些特定投资人，可以给民宿提供资源，比如投资人有物业资源的可以进行物业导入，有市场渠道资源的会扩展市场方向。

民宿想获得资本的青睐，一开始就要考虑如何搭建独特且不可替代的商业模式，资本要的不是情怀，也不是经营，它更看重的是其对生活方式进行包装的附加值。而随着市场民宿建设规模的不断增加，要想吸引主流资本，民宿的特色需要更加鲜明，品牌价值需要不断强化。值得注意的是，在赢取投资的同时，不可一味地迎合资本的要求，防止资本为盲目追求收益的最大化而无限度规模扩张，在连锁复制的同时，更要确保民宿作为非标住宿的个性化品牌特征。而民宿与资本联姻的道路如何走，也需要市场在更长的时间里进行验证。

（5）运营管理

一个成功的民宿，持续良好的运营服务与营销推广必不可少。硬件建设在完成之后，短期内无法做出较大改变，而运营服务与产品营销却有着无限潜力。

①民宿的服务与运营。依照民宿新型体验类产品的特征，可将其服务划分为日常规范服务和个性特色服务。

标准化服务保障民宿有序运营。民宿本质是住宿酒店业。作为服务业，建立一套标准流程化的服务极为重要，这可为有序运营提供保障。民宿运营的标准首先是安全管理，包含治安、消防安全、突发状况应急措施等；其次是日常卫生管理，民宿运营方要建立各项卫生执行要求及标准；再次是入住流程管理，运营方应对预订、入住、就餐、离店等服务节点制定标准化的服务要求。

运营方应依照这些标准指导民宿员工的日常工作。对一些相对偏远或是体量较小的民宿来说，普通服务人员往往是附近居民。在缺乏经验的前提下，订立各项标准、做好岗前培训非常关键。

以个性特色服务为民宿赋予温度。个性化是民宿品牌的核心要素，民宿应摆脱星级酒店或快捷酒店千店一面的工业化标准，在保障有序运营的基础上，为消费者提供个性化、有情感和温度的服务。民宿服务的个性化主要体现在三个方面。

一是富有情调的空间场景布置。从民宿入口接待空间的环境到房间内物品的摆置，都有丰富的营造空间。如对环境绿化植物进行美化修整，室外家具、灯具、个性装饰物的摆放，接待处温馨的室内装饰物布局，房间内场景化布置和精心准备的入住小礼品等。

二是民宿人员的服务品质。民宿里的每一个服务人员都需要被充分挖掘和调动，展示他们愉快的精神状态，激发他们的主观能动性，去创造流程之外的优质服务。

三是特色配套服务提供。如具有地方风味的美食，儿童娱乐的活动设施，或者是组织的农事活动等，都可以成为配套服务的一部分。民宿规模小，通过硬件建设做配套，相对总成本会大幅增加，可以考虑以软性的经营、小型体验活动的组织为客人带来增值服务。配套设施或服务所形成的二次销售不但给入住的客人带来独特的体验，同时也能成为经营收入的重要来源。民宿根据自身的核心定位提供特色的服务项目，不一定面面俱到，但一定要特色鲜明。如知名品牌民宿客栈诗莉莉主打“泛蜜月”度假理念，营造浪漫情怀的蜜月直营客栈。诗莉莉除在客栈的硬件建设上营造精致的场景外，也在服务上尽显浪漫悉心。当顾客进入店面，贴心的糕点和水果会送到身边，打开房间门，会发现爱心的花瓣早已铺满床面，红酒鲜花早已准备妥当。最为暖心的是，诗莉莉为顾客安排了贴心的私人管家，为顾客呈现一份蜜月的惊喜。同时酒店还有合作的专车，为旅客打造便捷舒适的蜜月旅途，让蜜月的年轻人们可以更好地感受温暖行程的点点滴滴。

个性与标准两者之间矛盾的协调是成就民宿的关键。单纯依赖员工自发性的个性化服务，不利于服务的执行和管理，难以确保服务的持久和品质。

因此，个性特色服务标准化、流程化是保证民宿服务品质的重要途径，并且，在服务标准化的过程中，也成就了民宿的标签与品牌。标准的个性化服务在民宿品牌的连锁经营中显得尤为重要。在发展初期，参与管理的民宿主的个性在特色营造上起了重要作用，一些民宿主个人的爱好、情怀或态度行为成了民宿的标志。而在民宿主不参与日常运营的情况下，或是连锁经营的民宿中，民宿特色运营的发挥就要建立在一定的流程和标准之上。

②民宿的营销推广。产品营销的方式和渠道多种多样。得益于互联网时代的发展，民宿的销售方式具有下沉式、在线化特征。一般来说，民宿多建在风景秀丽的山区、乡村，受限于区域地理位置，在互联网媒体和平台经济快速发展的今天，很多民宿的销售几乎完全依赖于在线销售。在线销售的主要方式有社交网络、电商平台、口碑营销等。

社交网络。社交网络包括微信、社群、微博、豆瓣、贴吧、各种旅游论坛等。对于体量比较小的民宿，社交网络可以发挥非常大的作用。第一，相对传统及网络媒体，社交网络免去了大量的媒体渠道投入，成本低，见效快。第二，这一方式直接面对潜在消费人群，宣传比较直接，可信度也比较高，有利于口碑传播。第三，社交网络具有比较高的参与性、分享性和互动性，形成口口相传的口碑效应，这会放大预期的传播效果。第四，社交网络还能实现对目标用户的精准营销。

运营者通过对社交平台的经营和挖掘，能够建立属于自己专有的社群，并扩充专属于民宿的会员体系。这是用户二次消费、长期消费的大本营，也是民宿初期维护和建立品牌的根据地。客人体验过以后，也可以参与到社交媒体的传播当中，他们对产品的传播力度也更大。营销上有一个词，叫“自传播”，社交网络就是“自传播”的重要平台。民宿的“自传播”基于不错的民宿产品体验、独特的营销事件或者人物等的吸引力，激发人们自发自愿地分享和传播。

电商平台。成熟的旅游电商平台为民宿的推广和预订提供了完善的渠道，包括交易型电商和内容型电商。交易型电商包括以携程、去哪儿为代表的OTA（Online Travel Agency），还有专注于泛民宿预订的Airbnb、途家等，第三方渠道的交易型电商是最容易的引流渠道，对于顾客来说也是最熟悉的预订平台。内容型电商包括蚂蜂窝、借宿这些网络服务平台，通过游记、攻略等软文的投放、分享传播达到宣传引流的效果。

口碑营销。无论是线上还是线下，在口碑营销中，忠诚消费者向周边人群进行积极的口碑传播是非常重要的，这种传播也是将潜在消费者转化为最终消费者强有力的工具之一。忠诚的消费者会有很强的品牌黏性，也会积极影响周围人的购买决策。消费者成为品牌营销代言人的最根本原因是对产品和服务的满意、对民宿价值的认可，所以民宿经营者要做好从预订到售后的每一个服务细节，在日常经营中务求顾客满意。在做好产品和服务的同时，还要有意识地推动顾客的传播行为，鼓励顾客在互联网销售平台做出良好的评价，写出产品体验。移动互联网时代几乎每个顾客都有自己的社交圈，顾客在社交媒体上的记录和展示都会给民宿品牌累积不少人气。做好口碑营销，不断丰富品牌价值，是民宿品牌推广的有效路径。

③民宿的持续发展。民宿的发展分为就地扩展和连锁经营。无论哪种发展形式，适度规模化都能降低整体的经营和管理成本，促进民宿持续良好的发展，但规模化同时也会带来一些其他问题。在用地条件允许的条件下，民宿就地扩展相对容易实现。随着民宿客房量的增加，相关业态配套和环境景观配套也随之增加。但是，民宿体量及整体空间的增加，往往造成环境品质的相对降低、“大而难精”的问题随之出现，同时，过大的规模也增加了特色运营服务的难度。因此，民宿的就地扩展型发展应适度控制规模。在良好经营的条件下，民宿连锁会带来更大的品牌价值和收益。但民宿最大的魅力是个性化与人文特征，在民宿的复制过程中，如何防止其成为流水线产品，保持个性特征是很大的课题。放眼民宿市场，在政策和资本的积极推动下，部分民宿必然走向品牌连锁的道路。真正走向连锁的民宿最终会逐渐脱离原本民宿的概念，转型精品酒店或度假村，注重品牌价值的输出。

第二节　农村产业电子商务的金融支持

一、电商平台战略与农村产业

在经济新常态下，我国农业产业一方面在农产品价格上遇到“天花板”瓶颈，另一方面农业生产成本即“地板”又被不断抬升，农业供给侧结构性矛盾全面爆发。农业供给侧结构性改革已成为解决当前我国农业发展难题的首要选择，也是实现农业现代化的必然要求。

2016 年中央 1 号文件《关于落实发展新理念加快农业现代化实现全面小康目标的若干意见》指出，推进农业供给侧结构性改革，需要颠覆传统农业产业发展思路和模式，以“创新、协调、绿色、开放、共享”五大发展新理念破解当前我国农业产业瓶颈，创新农业发展模式。

在互联网对各个行业的生产方式、经营模式、商业形态等进行全方位变革重塑的大环境下，不论是五大新理念的运用还是农业发展模式的创新，都无法绕过“互联网＋”。从当下来看，以产业链整合优化和资源开放共享为主要特质的平台化战略，已成为农业发展模式创新的重要方向。

（一）消费需求变化推进农产品生产模式创新

当前我国农业产业最突出的问题是供需两端出现结构性失衡，供需不匹配，生产的农产品不是真正符合市场需要的产品，“买难”和“卖难”并存。我国农业仍然秉持单纯追求规模和速度的生产模式，“刚性”需求主导了我国的农业发展方向。

结果，对农产品“N 连增”的追求和实现目标的成就感使我国农业对市场需求变化丧失了敏感性，也在一定程度上忽视了食品安全、品质、口味以及市场的多元化需求，最终导致低端和无效农产品被大量生产出来，而市场迫切需求的高品质产品却供不应求，农产品供需两端出现结构性失衡。

随着社会生活水平的不断提高，我国民众在农产品方面已不再单纯满足于“温饱”，而是有了更为多元、个性的弹性需求，也越来越关注农产品的安全、品质、口味等内容。由此，农业供给侧结构性改革的一个重要方向是农产品生产路径的创新，由以往的政府和农户主导转变成以市场为导向，根据消费者需求及时调整，优化农业生产和农产品结构，使农产品供给结构更具适应性和灵活性，提供符合消费者需求的丰富、多元、高品质的农产品。

（二）科技创新促使供给侧要素使用模式创新

科技创新和应用有利于优化和改善农业供给侧中生产要素的使用模式。农业增长方式的合理性与效率高低在很大程度上依赖于生产要素的投入结构。主要依靠物资资本、劳动力等要素投入和扩张的生产方式带来的只能是粗放型增长，而依靠供给侧要素优化组合与质量提升的生产形态，构建的则是高效合理的集约型增长模式。

一方面，农业科技创新与应用虽已大大推进我国农业现代化的发展进程，但从整体来看，当前我国农业生产要素中，水、土地要素基本饱和，肥、药等要素已经出现使用过量的现象，而支撑现代农业形态的机械化、技术性要素则与发达国家仍有很大差距，是需要重点突破的环节。

另一方面，我国农业要素投入结构也呈现出“两个逆向变化”，即剩余劳动力的退出与资本、技术等要素的进入不同步，高素质农业劳动力转移与新型经营主体的成长不同步。这导致我国农业转型升级中现代生产要素不能充分替换传统要素，农业生产要素的质量和组合效率没有实现根本性提升。

因此，农业供给侧结构性改革需要借助科技创新与应用，尽快推动我国农业发展模式由主要依靠物质要素投入转向依靠科技创新与进步。

（三）竞争形态变化促使供给侧资源配置模式创新

农业整体供给体系的优化完善，不仅取决于生产质量和效率的提高，更要依靠农业全产业链整体效率的提升和各环节的协同发力，即农产品从田间到餐桌的全流程优化和各环节的有效配合。

然而，由于以往过于追求农产品特别是粮食的持续增收，我国的农业政策和资源要素投入多集中于生产环节，忽视了上下游环节的投入与整合，农业产业链中的科研、生产、加工、流通等环节无法协同发展，生产与消费不匹配，供需结构严重失衡。

从当前来看，全球农业产业竞争已从单个产品、单一环节的竞争转向整体产业链的比拼。因此，在新常态下，我国农业供给侧结构性改革要创新资源配置模式，从“农业全产业链条”的高度将新增补贴和支持覆盖到生产前的农业科研与生产后的产品加工环节，以推进农业产业链不同环节的配合协同，保障农产品的数量、质量以及生态安全，最终增强我国农业体系的国际竞争力。

（四）调控机制改革推进农业供给侧管理模式创新

政府宏观调控机制对我国农业产业发展影响巨大。然而，作为一个人口众多、需求巨大、区域差异显著的农业大国，我国农业发展尚未建立起宏观调控与市场调控有机结合的管理模式，特别是宏观调控中的政府行为缺乏规范化、机制化，无法与市场经济的发展需要相适应。例如，政府越位与错位现象层出不穷，一些政策缺乏持续性和稳定性，影响了农业市场的良性有序运作，也造成生产要素的不合理流动和错配，导致农业生产出现一系列的结构性问题和矛盾。

因此，在新常态下农业供给侧结构性改革的一个重要内容是进行农业管理模式创新，改变宏观调控机制化建设滞后的现状，打造政府宏观调控与市场自主调节有机融合的平台管理模式。从平台战略的角度来看，农业供给侧结构性改革的关键是减少政府的干预，深度激发各类农业经营主体的积极性、主动性和创造性。建立以农户家庭经营为基础，以合作协同为纽带，以社会化服务为支撑的现代农业经营系统，将更多资源与政策支持倾向涉农生产服务领域，实现农业生产服务资源的有机整合与高效协同，使涉农生产服务业成为农业供给侧结构性改革的主要驱动力量。

二、全产业链闭合平台的金融支持

“农业全产业链闭合平台”是一种创新性的农业生产经营管理形态。简单来看，这一运作模式以整合产业链上游生产资源为突破口，以农产品供应链平台企业为龙头，以在产业链不同环节间建立的需求信息和生产标准为纽带，围绕平台企业实现全产业链中科技、物流、金融、零售、政策等各类资源的有机整合与高效利用，打造农业产业链的价值闭环，实现对各类参与者的整体开发和全面服务，从而保障农业经营中生产链、资金链和产品链的安全，增强农业产业体系的整体竞争力和创造力。

（一）产业链闭合平台体系

全产业链闭合平台包括三大体系：

1. 全链条产业集聚区体系

全链条产业集聚区体系，即通过农产品生产、加工贮藏、物流配送、市场营销等环节的标准化建设，实现生产、加工、销售的无缝衔接和全链条流程的贯通。

2. 闭合运行体系

闭合运行体系，即以全产业链条中的垂直细分内容为单元进行的系统内部封闭运行，如原材料采购、产品研发、生产加工、包装销售等。

3. 信息控制与交易体系

信息控制与交易体系，即通过营销交易链的优化改造和农产品品牌建设，构建从原料生产到产品加工再到终端销售全流程的信息化、可视化、可追溯机制，实现农业经营效益的最大化。

（二）全产业链闭合平台资本运作模式

具体来看，全产业链闭合平台资本运作模式包括以下 4 点：

1. 政企合作的全产业链集聚融资

政府与企业合作成立平台企业，将整个农业产业链中的生产企业、生产配套企业、农产品加工企业等聚合到平台中。平台则会通过内部统筹协调，为这些企业在生产、融资、保险、产品认证检测、政府补贴申请等诸多方面提供有力支持与优质服务，实现优化整合与协同发展，形成平台中生产供应这个“边”。同时，生产供应方要接受平台企业在生产环节与产品质量方面的监管，并借助物联网实现透明化生产，接受消费者的监督。

除了生产供应这个“边”，平台企业还要搭建另一个“边”，即终端消费者群体。这样，平台企业不仅可以直接将农产品推送到消费者面前，充分满足人们对安全、优质农产品的需求，还能获取消费者对农产品需求的更多信息，并及时反馈给生产供应方，帮助农业生产经营企业制订更加符合市场需求的生产计划，从而实现农产品市场供需两端的高效匹配与对接。

当这种聚集发展模式为农业生产经营企业和农产品消费者创造出更多价值时，便会在平台两“边”不断吸引更多的参与者，获得更大的集聚效应，进而推动农业全产业链的现代化转型升级，打造合理高效、安全优质的农产品供给体系。

2. 政府、企业、基地三者联合的全产业链融资

即政府与社会资本合作组建的平台企业，通过整合转化为农业产业链各环节的服务者，为产业链中的生产（供给）企业提供现代化、专业化和规模化的生产服务支持。

简单来看，这对过去分散的以农户家庭为单元的生产形态进行了规模化生产指导和投入，可以实现生产规模和水平的大幅提升，以便符合平台企业要求，成为直接与平台企业对接的农产品生产供应基地。

在这种“政府＋平台企业＋基地”的全产业链服务模式中，一方面政府服务部门与平台企业要共同为平台中的农户提供各类产前服务，如种子和苗木等研发与农资供给、农业生产机械供给、市场信息提供以及帮助农户进行

市场定位和产品生产规划等；另一方面，平台企业还要对农户与企业在农业产业链中各环节的运作进行严格监督，包括田间管理、标准执行、物资运输等生产服务环节以及农产品的加工、流通、消费等产后服务环节。

3. 平台、企业、农产品三者联合的母子品牌融资

即平台企业首先培育和打造一个高知名度和美誉度的品牌作为母品牌，由平台企业的自建企业使用，并严格把控使用这一品牌的企业和产品，保证品牌声望。对于参与到平台中的其他企业，则要基于它们在农业整体产业链中的具体位置分别打造不同的品牌群落，如主导产业品牌群落、支持性产业品牌群落、辅助性产业品牌群落、特色产品品牌群落等。而平台企业之前培育和推广的母品牌，则在品牌群落营销过程中起着信用背书的功能。

4. 平台主导型的全产业链融资

即以政府和平台企业为依托，以农业产业聚集区为对象，以满足农业产业链资金循环需求为目标的创新性农业金融服务。在这一服务模式中，平台企业与政府居于核心位置，其中平台企业是主导，政府则主要以自身的出资行为为平台企业"站队"，提高其可信度。

简单来看，这种融资方式中平台企业自己先融资，然后放贷给平台内部的企业和农户，或者通过为他们提供贷款担保的方式满足农业产业链的资金需求。不过，两种方式的具体操作流程都是金融机构先将资金打入平台企业账户，然后平台企业再向平台内的农户或企业分配资金额度。

第三节　农村产业发展引导基金管理与规模最优化

中国是名副其实的人口大国，对粮食的需求量远高于其他国家，这也决定了中国粮食供给不能过分依靠进口，而是要尽力做到自给自足。近年来，尽管我国的工业化与城镇化进程明显加快，工业在经济发展中占据主导地位，但我国仍然有大量的农业人口，"三农"问题始终是党和国家重点关注的对象，中央政府高度重视农业的发展趋势。由图 4－1 可知，2005—2014 年，中国农业增加值虽然逐年增加，但其对国内生产总值的贡献却呈下降趋势，这表明农业对中国经济发展的拉动能力在减弱，中国已经进入工业反哺农业的时期。中国农业地位的下降根本原因在于工业化、城镇化进程的推进与深化，这样的背景下迫使农业要经历从传统农业向现代农业转型。当然，农业的稳定发展离不开国家的财政支持，然而我国财政支农资金的利用效率因管理制度严重滞后、间接投入过多和分配结构不合理等原因而严重下降，支农作用大打折扣。鉴于农业企业的融资能力极其有限，怎样为现代农业的持续健康提供充足的资金支持是我国现阶段迫切需要解决的难题之一。

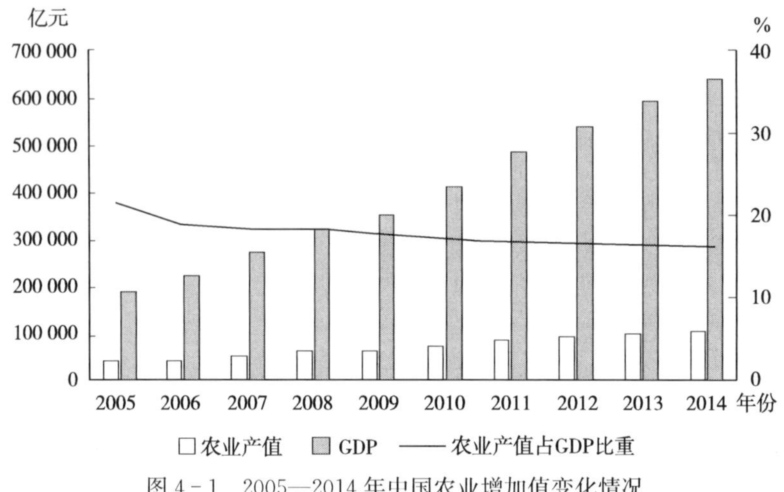

图 4－1　2005—2014 年中国农业增加值变化情况

国外在相关领域的研究主要围绕创业投资基金的决策机制、绩效评价、内部治理和监管制度展开，我国早期的农业产业投资基金在基金设计、运作管理和政府监管等多个方面均做了大量借鉴。在投资决策实践与理论方面，Daniel Kukla 基于实证分析发现，单一的投资策略很难满足私募股权投资基金的收益要求，在目前的投资行业中，已经开始出现投资策略多样化的趋势。在涉及基金绩效评价的指标体系方面，国外研究成果颇为丰富，也被广泛应用于产业投资基金的项目评价实践。较有代表性的有：风险—收益评价模型、以基金治理要素为虚拟变量的量化评价体系、实物期权估值模型、决策树模型等。在委托代理理论的基础上，国外学者对基金治理中的约束和激励问题做了较系统的研究，发现基金管理者的薪酬与基金业绩正相关，但这样的激励也同时增强了基金的风险资产配置偏好。对基金监管的研究结论分歧较大，支持加强监管措施的一方认为强监管有利于保证市场的竞争性和公平性，提高企业的盈利水平，而反对方提出从长期来看，严格的监管增加了企业的运营成本，影响企业的决策自由度和长期规划的灵活性，抑制了成长性企业的成长空间，也将制约宏观经济的结构升级。

总的来看，国外研究主要针对金融行业的专业基金，而很少专门研究农业产业基金。其研究视角也主要从金融市场投资者的角度出发，研究投资收益问题，这一点与工业国家的国情有关，与我国农业向工业转型的国情有显著差异。

在研究方法上，国外研究以现代微观金融研究为主，多利用数据模型、量化策略做实证研究、指导实践。在国内，学术界对农业基金或农业产业投资基金的研究以规范研究为主，涉及基金的设立和运转、项目筛选、风险管理、绩效评估、可行性与必要性估计以及模式研究等方面。针对基金的设立和运转，较有代表性的观点认为，在遵守国家农业政策和相关法规的基础上，农业发展基金在建立之初便应加强其自身经济主体地位，以强化市场对基金价值的促进作用；丁毅和唐立波在研究中提出，应对各类农业投入资金做细分，根据不同类型资金的特征挑选合理的投资渠道。针对风险管理，李文增探讨了农业发展基金的风险类型，并对各种风险的预防进行了分析。在可行性与必要性方面，杨军等认为应积极引入新型投资主体并适当拓宽农村金融市场的融资渠道，因此，农村金融市场的完善必然要求设立农业发展基金。

尽管近年来我国的农业增加值占国内生产总值的比重持续下降，但农业在经济发展中的基础地位没有发生变化，其基本功能也无法取代。改革开放后，国家对现代农业发展的投入不断加大，财政支农资金的总量也在逐年扩张。此外，国家通过立法的形式，设定了中央和县级以上地方财政对农业的年投入额，原则上该项投入的年增长率要高于财政经常性收入的增长率。尽管我国在多个方面做出努力，但国家财政对促进现代农业发展的相关资金投入仍然不能满足其巨大的资金需求，因此，有必要引入乡村产业发展引导基金来吸引更多的资本流向农业领域。再者，传统的通过政府、信贷或货币、资本市场融资的方式已经无法满足我国现代化农业公司的巨大资金需求，若仍然依靠现有的投融资渠道，那么现代化农业发展的资金供给将难以得到有效保障，因此，必须为其开辟新的融资渠道。

我国历年的中央1号文件均提及了关于农业发展方式的相关指导意见和政策，2009年中央1号文件最早明确提出设立“政策性农业投资公司”和“农业产业发展基金”等类似农业投资基金；在此基础上，建立“农业产业发展基金”的概念正式成为引领农业发展方式转变的政策指引，被明确地在2014年中央1号文件中提出。这两份正式文件的下发充分体现了国家转变农业发展方式的决心和对发展现代农业的重视，同时也指明了我国农业未来的发展方向，国家期望利用发展基金来推动现代农业发展的愿景显而易见。

一般情况下，我们认为农业属于弱势产业，不仅投资风险较大，而且回报率较低，但这种看法未免过于狭隘和悲观。随着农业领域现代科技的广泛运用，农产品的附加值将得到不断的挖掘和提升，现代农业企业的产品竞争力亦将随之提高，获得与以往不可同日而语的高成长性，对这些农业企业的投资可取得的预期回报率高于市场/社会平均预期收益水平是资本市场的普遍预期。另外，我国将不断完善农业投资市场，并引入高科技来大力发展现代化农业，投资者可以通过逐步了解做出投资计划。在国家政策支持下，我国的证券市场将得到规范管理，与实体企业投资项目密切相关的法律规范也会日益完善，同时相关部门在未来将更加注重拓宽风险资本从金融市场退出的渠道，可以说为现代化农业发展基金提供了充分的安全保障。

产业投资基金最早在20世纪90年代开始在我国流行，经过近30余年的稳定发展，其运作与管理模式已经相对成熟。作为产业投资基金的一个类型，乡村产业发展引导基金完全可以借鉴成熟的产业投资基金管理经验和投资模式，并在此基础上形成自己的管理与运作模式。日益完善的产业投资基金市场也为乡村产业发展引导基金提供了众多经验丰富、能力超群的基金管理人。此外，我国金融市场的开放程度将进一步提高，进入中国的国外优秀金融机构的量与质亦将不断改善，其先进的管理理念和成熟的组织形式可为我国乡村产业发展引导基金所用。

农产品的产业化经营是我国发展现代农业的模式创新，是一种典型的综合考虑多个群体经济利益的运作机制。较之传统模式的农业发展方式，现代农业的新型产业化经营可以说是一个投资回报率很高的领域，因而对资本有很大的吸引力。①投资预期利润率高。现代农业的产业化经营将实施产加销、贸工农的一体化模式，因而，在很大程度上缩减了中间处理环节，也间接降低了交易费用。同时，利用现代化的高科技手段，对农产品进行深加工，进一步延伸产业链条，在更大程度上提高农产品的收益能力。另外，经过高、精、深的加工处理过程，为农产品带来更大的发展增值潜力，从而大大提高了农产品对社会资本的吸引力。②现代农业的投资收益成长性较高。经济的发展带动了人们的养生热情，消费者将越来越关注食品安全和营养均衡问题，正因为如此，现代农业企业对农产品的开发力度日益上升，尤其是更关注对绿色食品、有机蔬菜等现代农业项目的开发与投资。地区越发达，居民追求健康、环保生活的心理越强烈。由此可见，现代农业的市场潜力很大，是未来经济的潜在增长点。

一、乡村产业发展引导基金的投资主体与设立方式

产业基金一方面要大力支持产业的优化升级，另一方面其自身也要追求更大的盈利空间，进一步提高产品的增值能力。为了兼顾上述两大目标的实现，就必须构建灵活多变的运转机制、有效合理的机构设立和组织形态，使各利益群体能够为共同的目标而努力，要尽可能地减少内部管理者的独裁控制。同时，政府职能的作用也应该是提高乡村产业发展引导基金的利用效率与运转效益，而不是妨碍相关农产品的经营与发展，最终违背了基金的设立原则。一切事物的产生与发展都不能脱离外在环境的影响，金融行业更是如此。因此，乡村产业发展引导基金的设立与运转应充分考虑其在现有条件下的可行性。这就要求规划者要对试验区进行实地考察，并结合当前的发展大环境，在充分考虑所在地区社会状况、资金规模、风险指数等因素的前提下，给出一份操作性强的发展报告。没有调查就没有发言权。如果没有充分合理的估计与筹划，盲目地进行投资、实施项目，运转方案严重脱离现实情况，那么这样的发展模式是注定要走向失败的。

产业投资基金涉及四类参与主体，即发起人、托管人、管理人和投资人。前三类主体的性质、来源和主要职责较明确，在理论界和行业中，基本形成共识。而由于现代农业处于幼稚期，投资具有较高风险，在讨论相关参与主体时，资金来源和投资主体的确定就成为较敏感和关键的问题。

美国以私人投资作为产业投资的主体；日本的产业投资多以产业链的纵向投资形式为主，其产业资本市场多由大企业和大型金融机构控制；德国在

筹集产业投资资金方面，主要从国家层面通过中央政府的统一规划实现，其投资主体多为国家机构。鉴于我国现代农业仍处于发展初期的实际情况，政府、企业和境外资本等机构投资者可为较理想的投资主体，其基本原因在于：其一，机构投资者对产业政策、财政政策等宏观因素较敏感，而现代农业是目前获得税收优惠较多的产业之一，这一特点迎合了机构投资者的偏好；其二，农业是典型的防守型行业、投资周期长，是机构投资者的投资组合中不可或缺的长期投资类型，可为其提供稳定的收益。

美国等西方发达国家政府在产业投资领域主要扮演辅助、引导者的角色，并非投资主体，偶有投资，份额往往也不大。但是，现代农业具有特殊性，其投资规模巨大、风险高、投资周期长，除政府外，很难有机构具备引领这类产业投资的能力和影响力，因此，在我国现代农业仍处于起步阶段的现实背景下，以政府投资为主，引领和联合其他机构投资者参与的基金投资主体结构可成为较理想和可行性较高的选择。

在“十二五”期间，我国财政支农支出分别为 10 408.60 亿元，11 903.00亿元，13 228.00 亿元，14 002.00 亿元和 17 242.00 亿元，分别占当年财政总支出的 9.53%，9.47%，9.47%，9.23%和 9.81%。在过去 5 年里，我国农业综合开发投入总额为 24 406 亿元，其中，政府财政资金占比近 50%，这些资金可成为未来乡村产业发展引导基金稳定的资金来源。也就是说，乡村产业发展引导基金可以以中央和各级地方政府为主要直接投资主体，以政府信用作为引领，吸引其他机构投资者参与投资，政府提供税收、贴息等基金优惠政策。

鉴于目前经济前景不佳、金融环境恶劣的宏观经济背景，在设立乡村产业发展引导基金的初始阶段，封闭式的设立方式是较理性、风险较低的选择。原因有三：其一，国内证券市场尚不成熟，近期受国际金融市场影响，投资者情绪和市场投资仍很低迷，投机性交易占主导，市场波动大。在这样的背景下，即使是机构投资者，也可能对市场波动和经济前景做出过度反应，如果采用开放式基金的形式设立乡村产业发展引导基金，投资者可能更多地采取提高交易频率的策略，甚至非理性撤资，这不利于乡村产业发展引导基金在设立之初的稳健管理和正常运作。其二，农业产业投资周期长，投资收益回收期亦将被拉长，对现代农业基金而言，投入资金的不稳定性是重要风险。因此，封闭式基金隐含的不可赎回条款能满足乡村产业发展引导基金对基金份额和资金稳定性的要求，确保投入资金不会被随时撤走。其三，我国开放式基金的运作管理尚不成熟，以开放式基金的形式设立乡村产业发展引导基金将面临较大的经营风险。因此，在现阶段，乡村产业发展引导基金应以封闭式为宜，在未来，随着我国证券市场和发展基金自身走向成熟，才可以适时考虑使用更先进、更面向市场竞争的开放式基金形式。

二、乡村产业发展引导基金的绩效评价和运行管理

（一）绩效评价

我国乡村产业发展引导基金的设立应以政府为主导，其资金列入公共财政支出，所以，其绩效评价指标体系应该根据公共财政支出的3E原则来衡量。具体的评价指标如下：

1. 经济性指标

经济性是指以最低的成本获取最大资源的效果，其目标就是以最小成本获得最大收益。乡村产业发展引导基金应充分考虑资金的成本问题和资金的持续性，必要时要考虑农业发展基金的杠杆作用及其财务经济指标。

2. 效果性指标

效果性指标是指乡村产业发展引导基金运作的预期目标实现程度，包括政策导向效果和项目发展效果。

现代农业是传统农业与现代科技结合的新兴行业，从产业周期的角度看，其仍处于幼稚期，对于这类产业，应以政府扶持为主，这也是乡村产业发展引导基金被纳入公共财政支出的根本原因，因此，乡村产业发展引导基金是典型的政策性基金，政策导向的效果尤为重要。政策效果的实现程度可以通过设定合理的评价指标来衡量，如：比较新型农业装备企业、种子企业、新型农业主体等不同类型现代农业企业的投资比例，各投资比例的合理范围以政策导向重要程度不同实施差异化设定；衡量初创期或幼稚期企业的投资比例时，应以产业基金行业平均水平为参考，积累各年度乡村产业发展引导基金和被投资企业的业绩数据，逐年调整初期企业的投资比例权重。项目发展效果指标主要考虑的是现代农业企业的GDP贡献度、促进就业的效果、企业研发投入的提升和研发能力的提高、新成果的质量和数量等。

3. 效率性指标

乡村产业发展引导基金的效率性是指投资的运行效率，主要包括信息公开的程度、决策管理能力和风险控制能力三个方面。信息公开程度是指是否向社会发放年度基金申报指南、官方网站所提供的信息质量；决策和管理能力是引导基金理事会的办公能力、引导基金受托管理机构履行职责的情况、引导基金顾问专家的专业能力；风险控制能力包括引导基金的闲散资金使用状况是否符合规定、被投资企业是否按时提交审计报告、风险控制的有效性等。

（二）运行管理

在金融行业，缺乏严格的监督机制将使得资金处于高风险状态，相应的基金项目也难以获得有序发展与安全保障。而乡村产业发展引导基金不仅涉及投资者的经济利益，同时本就处于弱势地位的农民也参与其中，因此，相关部门非常关注。一般来说，实施基金监管首先要建立和完善基金监管体制，没有合理的监督机制就难以保证基金监管的有效性。当然，针对不同的监管主体、手段以及客体，所形成的监督机制具体内容也会有所不同。各国的已有实践也充分说明了，构建适合本国国情的基金监督机制，是保证基金特别是乡村产业发展引导基金这样的新兴资金模式得以健康发展的一项重要举措。

从世界各国已有的基金监督实践来看，归纳起来主要有三种基本模式：首先是以美国为代表的“法律约束下的企业自律”模式，其次是以英国为代表的“基金行业自律管理”模式，最后是以日本为代表的“政府严格管制”模式。这三种基金监督模式有各自的特点，也具有不同层面的利弊。就中国而言，机械地照搬其中任何一种监督模式都是不符合我国基本国情的，也是十分不可取、必须坚决杜绝的。为了更合理、更理性地构建我国乡村产业发展引导基金的监督机制，应充分考虑我国的现实发展情况，制定合适的监管机制，要能够根据基金的成长状况及市场、经济、政策环境的变化实行弹性监管，同时要协调和强化证券监管部门的一级监管、基金行业协会和交易所的自律监管职能，为投资者和融资方创建更加安全可靠的基金环境。

第五章 服务新型经营主体培育的农村中小金融机构业务精细化路径

本章研究农村中小金融机构提高业务精细度和差异性，服务新型经营主体培育的机制。主要研究的内容包括：①农村中小金融机构立足区域市场发展数字普惠金融的优化路径；②农商行、农信社、村镇银行等中小金融机构从事无抵押、无担保小额信贷业务的服务创新和风险控制；③农村中小金融机构服务创新与新型经营主体经营绩效的关系；④数字供应链金融支持新型经营主体的障碍与解决之道。

第一节 农村中小金融机构立足区域市场发展数字普惠金融的优化路径

一、“新冠”肺炎疫情为农村中小金融机构发展数字普惠金融提供发展契机

当前，我国针对新冠肺炎疫情的防控已经取得了阶段性的胜利。回首整个历程，与“SARS”时期明显不同的一点就是，数字经济为这场战疫的胜利做出了巨大且不可替代的贡献。在疫情最严重时期，基于便捷的电商平台和社交网络，社区、居民、本地商家自发组织了各种“云团购”，让突如其来的强隔离生活少了些慌乱、多了些从容。所有这些运作的背后都得到了数字支付系统的强力支撑。

2020 年 2 月，中国人民大学中国普惠金融研究院发起了“诊断疫情对微弱经济体金融健康的影响与政策建议”课题，通过引入“金融健康”分析框架，在全国范围内展开调查，力图了解新冠肺炎疫情中微弱经济体在收支管理、债务管理、应急管理、风险管理、资产管理以及未来规划和信心等方面的情况。

针对微型企业、个体工商户、家庭作坊、流动商贩等微小经营主体的调查结果显示，疫情确实带来了生存挑战，但纯线上经营模式表现出强韧的抗险能力，并更有可能从数字金融平台获取融资。与此同时，互联网银行和非银行金融服务商及时有效地服务于微小经营主体“短、小、急、频”的贷款需求。部分受访企业主表示更愿意通过互联网银行、网络小贷平台等渠道解决现阶段的资金问题，即使这些渠道的资金成本更高。因为申请银行贷款可能面临流程复杂、缺少抵押物、财务状况差、放款周期长等阻碍，难以缓解疫情期间的“燃眉之急”。针对中低收入阶层的调查结果显示，73%的家庭会面临入不敷出的情况，近六成受访工薪家庭的自有应急资金仅供维持3个月以内的疫情前同等水平生活，可维持半年以上的仅占两成。从线上工具为应对疫情提供的帮助来看，线上购物、线上办公、线上教学分别为23%、22%、16%的受访工薪家庭提供了帮助。但在除数字支付之外的金融服务方面，线上金融服务仅为4%的受访工薪家庭提供了帮助。基于2017年中国家庭金融调查数据进行实证分析，研究发现家庭越充分地使用各类数字金融服务，越有可能支持3个月以上家庭消费的流动资产。疫情中的调查数据实际反映出，除支付外的线上金融服务在中低收入工薪阶层中的渗透率还较低。

因此，我们面临的现状是，我国数字支付的普及度、便捷性以及与数字经济生活的融合度已经远远超过绝大部分发展中国家甚至发达国家。疫情当中，线上线下商业活动均由数字支付无缝衔接，居民之间的风险分摊、政府与居民间的转移支付都可以通过数字支付轻松完成。然而，虽然疫情暴发以来我国各类金融服务供应商为应对隔离生活场景迅速开发出所谓“无接触”的生活服务和金融服务产品，但仍然有大量微弱经济体对信贷、保险、理财等方面的潜在金融需求没有得到满足。这意味着数字普惠金融的供给与需求之间的磨合尚需时日。

在“黑天鹅事件”的倒逼之下，我们看到了数字普惠金融发展的巨大潜力，也看到了不同市场主体在应对挑战、拥抱机会过程中的期待与困惑。数字时代赋予我们的机会似乎唾手可得，但要将美好愿景落到实处，还需要解决与此相关的若干重大问题，包括：金融机构如何提高整体数字化服务水平；微弱经济体如何才能适应并拥抱数字普惠金融的时代机遇；从政府和监管者角度来看，如何有效建立数字普惠金融的生态体系。这些都值得我们在疫情之后进行认真的战略思考。

二、农村中小金融机构发展数字普惠金融的基本方向

农村中小金融机构可从两方面来发展数字普惠金融。

一方面是银行的数字化转型。新冠肺炎疫情让中国银行业意识到完成数字化转型已刻不容缓，疫情也无情地暴露出不同银行在数字业务能力上的差距。早在 2020 年 1 月 26 日疫情发生初始阶段，银保监会即在对各银行保险机构的通知中要求“加强线上业务服务，提升服务便捷性和可得性”；2 月 14 日，又进一步强调“提高线上金融服务效率”“优化丰富‘非接触式服务’渠道”。可以看出，“提高”和“优化”是当前银行开展数字化服务的重点，因为大大小小的银行似乎都已在形式上开发了数字应用，但真正在发展战略、组织架构、业务流程、盈利模式、风控模式和运营模式等方面完成数字化转型的银行还在少数。

中国普惠金融的主力军就是银行业，银行业的数字化程度直接关系到国家数字普惠金融的整体能力。当然，不同的银行面临不同的制约条件，因此需要探索形成银行数字化转型的多种可循路径。国有大银行如何发挥资金成本和综合实力优势，提升智能化运营的决策效率？股份制银行如何调整战略、重塑模式，追赶已经走在前面的同伴？中小银行如何克服资金、人力、技术的多重障碍，找准本地市场、核心客户群，实现跨界融合？更进一步，天生数字基因的互联网银行如何长远地解决资金成本问题，发挥出长袖善舞的功能？针对这些不同银行的突出问题，已经出现了一些解决路径。例如，作为数字化转型需求最为迫切的中小银行类别之一，农商行（农信社）数量众多，是服务县域以下微弱经济体的重要力量，但普遍面临规模相对较小、难以独立形成技术优势的局面。一些省份的农信联社通过与金融科技公司合作搭建全云化平台，赋能系统内各农商行（农信社）店铺化“百行百面”运营，在数字化转型的同时也使差异化发展得以实现。相应地，城商行、村镇银行等独立性更强的中小银行如何突破技术限制，还需要银行、金融科技公司、地方政府和监管部门创新思路、推动合作来解决。这方面更多地反映了金融资源与科技资源的合作或融合的特征。

另一方面是充分发挥非银行金融服务供应商的功能。非银行金融服务供应商是除商业银行之外的所有金融服务机构，包括保险、资本市场、信托、小贷公司等地方金融机构以及各种网络金融服务平台。将非银行金融服务供应商纳入普惠金融服务体系中，有利于不同类型供应商发挥比较优势，促进竞争，优化服务，形成多元化的普惠金融服务生态体系。

对微弱经济体而言，低成本的银行资金固然可贵，来自非银行信贷服务供应商的便捷、微小、期限灵活的资金也是生产生活中的重要的支持，包容的金融体系需要商业银行可持续地惠及最广泛的需求者。

在此次抗疫过程中，大量非银行金融服务供应商发挥数据优势、客户优势和决策优势，为微弱经济体，特别是仍然坚持在抗疫第一线的餐饮、超市和运输等行业的小微企业和外卖骑手等弱势人群，提供了应急贷款、保险等及时有效的服务，为保障人民基本生活功不可没，同时也彰显这些机构在普惠金融服务体系中的独特价值。

三、农村中小金融机构发展数字普惠金融需解决的关键问题

“数字鸿沟”的存在意味着部分群体的需求处于数字金融服务供应商的“雷达”范围之外，这也会导致他们错失使用数字金融服务的机会。因为无论形式如何变化，金融部门都是经济资源配置的枢纽。随着经济活动、金融活动愈加数字化，“数字鸿沟”造成的将是资源配置渠道和效率的不公平。

当越来越多的数字应用变成了家庭生活、经营活动的必要环节，只要存在“数字鸿沟”，就会导致“数字剥夺”。虽然不排除主动排斥数字产品和服务的情况，但在国内近年来大力“提速降费”的背景下，仍旧受到“数字鸿沟”影响的大多是真正的弱势群体。“数字剥夺”会导致他们的境遇进一步相对恶化，如媒体报道的延迟开学期间农村学生为上网课而面临的窘境。

虽然近年来我国信息技术基础设施建设已经取得了瞩目成就，但我们还需进一步关注普及层面的问题，向消除“数字鸿沟”迈进。上述数字应用的可触及性都离不开三个基本条件——环境有信号、家庭有宽带、设备要智能，分别对应网络通达率、互联网普及率以及智能设备普及率三个指标。工信部数据显示，截至 2020 年 3 月，我国约 69 万个行政村光纤通达率、4G

通达率都超过了98%。相较而言，不同地域、不同群体的互联网普及率和智能设备普及率还存在一定差距。

旨在消除“数字鸿沟”的战略举措需要从大刀阔斧的基础设施建设，延伸到对微弱经济体数字意识的启发、数字行为的培养和数字权益的维护上，为所有愿意融入数字生活的微弱经济体创造机会。金融科技的发展既给弱势群体带来了提升福利水平的契机，也对他们的金融能力提出了更高的要求。

四、农村中小金融机构数字普惠金融体系

以“疫”为鉴，数字与非数字的管理机制、商业模式乃至生活方式的差别之大，映射出数字社会所蕴藏的巨大效率优势。隔离生活所激起的数字创新浪潮应成为完善以数字化为导向的国家发展战略的加速器。一方面，要着力完善数据产业生态体系。所有的数字化、智能化机遇都离不开数据的积累和应用，而目前国内数据产业尚未发育完全，数据应用仍然存在割裂，数据产业生态体系亟待协调和完善。另一方面，要为数字生活和数字文化提供更加全面的支持体系。从消费到社交，从教育到娱乐，与民生紧紧相连的数字生活和数字文化是数字经济、数字金融发展的根基。相关部门需要不断推进大数据、云计算、物联网、人工智能等技术的创新和应用，为数字生活和数字文化发展提供充分的技术支持和制度土壤。从这一意义上说，以5G、数据中心等为代表的新基建也是数字普惠金融向纵深发展的基础条件。

从本质上说，数字普惠金融发展就意味着要建立和完善以数字科技为基础的普惠金融生态体系。疫情催化了信贷、理财、保险、信托等各种金融业务的全流程数字化探索。贷后管理、催收、保险调查、信托募集等从前更多由线下渠道完成的业务流程都“被逼”上线，或将成为更多数字化尝试的开端。

完善以数字科技为基础的普惠金融生态体系意味着不囿于已有的机构体系和业务模式，而是从数字科技的成本效率优势出发，真正将普惠金融生态体系建立在数字生活场景中，建立在弱势群体的需求上，建立在商业可持续的前景下，回归到金融服务实体经济的本源。在这样的生态体系之中，银行

和非银行金融机构是相互配合的，信贷与资本市场是可以证券化的，保险产品和其他金融产品是交叉销售的，传统业务将通过科技的加持焕发出新的生命力。

经过多年的发展演变，我国的金融结构正在从服务高净值客户自然下沉，主动拥抱中小微弱等从前受到排斥的群体，以探寻新的业务增长点。因此，当前以及未来普惠金融工作的重心应该是为市场力量的探索与创新提供健全的金融基础设施，为消费者权益保护建设完善的法律法规和执行机制，为弱势群体提供能力建设项目。

疫情期间，监管部门对远程审核巡检、远程开户、电子签章等的有效性和合法性给予了更高的认同，促进了业界诸多有益的尝试。展望未来，市场难免有波动，创新难免有成败。健全的金融基础设施是为市场机制发挥作用搭建的好“舞台”，完善的消费者权益保护体系则是为风险控制和金融稳定做好缓冲准备。此外，还需时刻提醒普惠金融只是手段，而非目的。为了实现包容性发展，发掘弱势群体的潜能，政府、监管部门及其他利益相关方还需致力于弱势群体的发展能力和金融能力建设——赋予“打鱼的本领”，形成“造血的功能”，真正让能力去改变世界。

如果说近年来金融科技的发展点燃了数字普惠金融的星火，那么此次疫情则是燎原之风，给供应方带来了数字化转型的强烈紧迫感，给需求方带来了全方位、全流程数字服务的体验和启发，也为政府和监管部门进一步推动数字普惠金融发展提供了新的契机和思路。“黑天鹅事件”不常有，但微弱经济体所面临的不确定性事件却时刻可能发生。疫情过后，我们期待通过更加完善的数字普惠金融服务体系来促进弱势群体的金融健康和金融韧性的提升。从大概率的日常波动中练习和准备，方能从不可预测的小概率事件中强韧复苏。

第二节　农村中小金融机构创新金融产品与风险防控

本节以农产品期货期权为例，分析农村中小金融机构如何从农产品期货期权（尤其是玉米期权）的风险控制功能入手，做好农产品期货期权套期保值的农业生产和农村产品价格金融风险控制。研究对象为大连商品交易所农产品期权。大商所农产品期权自2017年3月上市交易以来，受宏观经济低迷和证券市场大幅波动的影响，出现波动剧烈、价格风险过高的特征。这不利于其基础商品价格风险对冲工具作用的发挥，加之“资产荒”来袭，投资者情绪低迷，农产品期权市场更应当承担应有的农业投融资渠道作用。因此，厘清农产品期权市场的基本特征，分析其价格发现机制，辨明交易行为的一般规律成为势在必行的工作。在理论上，这些工作就是研究农产品期权主要交易特征变量的日内模式，相关研究主要集中于农产品期权交易量、价格波动和买卖价差的日内模式。Stephan和Whaley研究发现芝加哥期权交易所股票看涨期权的日内交易量在开盘之初很小，在随后的45分钟时间里逐渐放大并达到峰值，之后便开始下滑，但幅度小于相应的基础股票交易量。在股票市场收市前，看涨期权交易量有所上升，随后在期权市场收盘前又出现快速下降。股票看涨期权交易量在交易日开盘后经历更短时间出现峰值的情况也得到过证明。这些研究都表明农产品期权与基础股票的日内交易量模式不同，期权交易量会更晚出现峰值。这样的不同是由两种证券市场的不同交易机制导致的。第一，芝加哥期权交易所使用的不是纽约证券交易所（基础股票市场）施行的顺序竞价开盘机制；第二，芝加哥期权交易所是代理商市场结构，交易者必须等到最优报价出现才能开始交易，而纽约证券交易所是特约交易商市场结构，最优报价直接由特约交易商报出，不需等待。还有学者进一步对芝加哥期权交易所农产品期权的价格波动日内模式进行了研究，发现期权的价格波动模式与基础股票市场类似，也呈“U”形，而且与基础股票市场相比，期权在开盘时的波动强于收盘，在交易的最后10分钟里（基础股票市场已经收盘），价格波动减弱。出现这种情况的原因是基础证券交易的中止使基础证券价格的不确定性增强，期权交易进而减少。关于农产品期权买卖价差日内模式的早期研究发现，期权买卖价差随日内交易的进行明显减小。此后基于芝加哥期权交易所农产品期权的买卖价差日内模式研究进一步证明，农产品期权的日内价差呈“L”形，期权价差在开盘时较大，在临近收盘时收窄。其他学者还对在伦敦国际金融期货和期权交易所交易的股指期权买卖价差日内模式进行了研究，也提出股指期权价差呈“L”形。

本节借鉴以往关于农产品期权主要市场变量的日内模式的研究，对我国大商所农产品期权的交易量、价格波动和买卖价差的日内模式进行探索性研究。主要研究内容是：第一，基于大商所农产品期权市场目前施行的由限价单交易者和做市商共同决定价格的混合型交易机制，检验了大商所农产品期权市场交易机制对交易量、价格波动和买卖价差的日内模式的影响；第二，通过对大商所农产品期权交易的日内模式研究，为交易所/监管者提供更好的市场情报以完善市场监管机制。市场监管的首要任务是要区分正常、合法的交易行为和不正常、不合法的交易行为。本节考察了较长时期内大商所农产品期权市场流动性和波动性两大类指标的日内常规模式，期望帮助市场监管者做出正确决策；第三，在目前国内大商所农产品期权市场空前低迷的环境下，帮助投资者理性认识大商所农产品期权交易规律，提振市场信心。

一、理论模型与研究假说

商品期货期权市场变量的日内交易模式研究表现出金融市场典型的实践先行、理论跟进的形式。大量对市场变量的日内交易模式的实证研究首先出现，确认一定的交易模式，之后又有许多研究建立和提出若干理论模型对这些日内模式进行解释。这些理论模型有的是基于代理商竞争型市场交易机制，有的是基于特约经销商垄断型市场交易机制。虽然所针对的市场交易机制不同，但研究思路却比较统一，即通过研究交易指令入市和报价修正来分析价格发现过程。这些模型对价格发现过程的研究虽然主要解释的是买卖价差的日内行为，但是对交易量的日内模式和收益波动的日内模式都有很强的启示作用，原因就在于交易量和收益波动与买卖价差是紧密联系的。有关理论模型主要有四种，包括信息不对称模型、市场优势模型、库存成本模型和交易递进模型。

信息不对称模型着眼于交易者的逆向信息成本，认为交易对手分为两类：流动性交易者和知情交易者。交易者在信息不对称较强的时期，会刻意放大买卖价差以保证与流动性交易者交易获得的收益足以弥补与知情交易者交易遭受的损失。

基于信息不对称理论的实证研究也表明买卖价差在交易开盘即信息不对

称显著时较大，随着交易的进行逐渐减小。有学者构建了含有两个知情交易者的信息不对称模型，发现交易量、价格波动和价差在开盘之初较高。还有研究通过建立定期休市的连续交易股票市场模型，发现开盘后出现大量套利交易，信息不对称效应在收盘前十分明显。

按照以上理论，本节提出研究假说一：

H1：大商所农产品期权买卖价差在交易日开盘和收盘时更大

市场优势模型的研究对象是特约经销商垄断型市场交易机制，在该机制下，特约经销商是具有市场垄断优势的做市商。特约经销商通过在交易需求弹性极低的交易时段扩大买卖价差向交易者寻租。交易需求弹性可能下降的交易时段主要在交易间歇期的前后，比如开盘前、收盘后。在这些时间段出现交易需求弹性下降的原因主要是交易者（或其代理商）经常在这些时间段改变其最优投资组合。因此，在特约经销商垄断型市场交易机制下，买卖价差、交易量和收益率波动会在交易间歇后增大。这样的理论得到了纽约证券交易所（典型的特约经销商垄断型市场）日内交易模式的印证，而在其他竞争型市场中（证券代理商没有市场垄断优势），买卖价差等主要市场变量并没有出现类似的日内交易模式。

市场优势模型的实证检验主要集中于交易间歇期前后交易量的研究，这些研究既有针对特约经销商垄断型市场的，也有代理商竞争型市场的，前一种市场中的交易量在交易日收盘前明显增大，但后一种市场却没有这样的表现。按照市场优势理论，在特约经销商垄断型的大商所农产品期权市场中，大商所农产品期权的日内价格波动应在开盘前、收盘后均出现放大，而在竞争型市场中，则不会有这样的模式。

本节的研究假说二如下：

H2：大商所农产品期权的日内价格波动在开盘后、收盘前均出现放大

库存成本模型的研究重点是风险厌恶型代理商的持仓成本，这样的成本是代理商因持有非最优组合资产的多头或空头头寸而产生的。代理商持有非最优资产的情况经常出现，因为买入交易指令和卖出交易指令可能不符，暂时无法成交，另外还可能是因为代理商必须提供这种资产（多头或空头），以保证市场交易的流动性。库存成本模型认为价格波动包含了代理商持有非最优资产头寸的补偿，因此价格波动应随证券资产价格和风险的提高而扩大，随交易量和做市商数量的增加而缩小。

在库存成本模型的框架下，特约经销商市场的买卖价差与交易活跃性正相关，因为，在交易活跃度高的时段特约经销商必然会积压一定的非最优资产。而交易日开盘和收盘这两个时段的交易活跃度很高，因此交易量在这两个时段会增大。相反，竞争型做市商不会在交易活跃度高的时段积压非最优资产，因此其交易量会缩小。实证研究也表明，代理商竞争型市场的交易量在交易日收盘前缩小，而特约经销商市场的表现相反。

按照库存成本理论，研究假说三如下：

H3：大商所农产品期权的交易量将在交易日开盘、收盘时段缩小

交易递进模型提出证券的均衡价格是在交易过程中出现的，非知情交易者通过与知情交易者交易推断出其掌握的私有信息，即非知情交易者在交易开始阶段不断提交试探性价格，通过知情交易者的反应掌握真正的均衡价格。相对的，做市商会通过扩大买卖价差相对减少噪音交易者的数量，进而从交易价格和交易指令中获得更清晰的信息信号。因此，交易递进模型的核心观点是交易者在交易开始阶段的价格试探行为将产生利益损失，从而扩大了买卖价差和价格波动。

本研究提出假说四：

H4：因为价格试探行为的存在，大商所农产品期权的买卖价差和价格波动在交易日开盘后很短时间内扩大

二、数据选择和研究方法

本节对大商所农产品期权在 2018 年 1 月 1 日至 2018 年 12 月 31 日内全部 232 个交易日的 5 分钟间隔分时交易数据进行实证研究。数据样本取自国泰安中国证券市场高频交易研究数据库。每项市场交易变量在每个交易日内有 48 个取值。从样本中还要剔除距离停止交易日不足 5 个交易日（包括 5 交易日）的大商所农产品期权数据，排除到期效应的影响。最终数据样本包括 522 项合约的 34 255 组大商所农产品期权时序数据。

研究涉及的市场变量包括交易量、价格波动和相对价差。大商所农产品期权交易量用对应时间间隔内所选样本大商所农产品期权成交的合约数表示。用买卖中间价的时间加权标准差表示大商所农产品期权价格波动，使用中间价可以规避使用成交价产生的买卖报价反弹，进而避免在价格波动估计中出现向上偏差。大商所农产品期权相对价差的计算遵循惯例，用时间加权相对价差表示，即用每个报价的买卖价差除以买卖中间价得到相对价差，再按照各个报价在对应的 5 分钟时间间隔内持续的秒数对相对价差进行加权。最后，在这些市场变量数据的基础上，求各市场变量在各自对应时间间隔内的均值，得到它们在一个交易日内每个 5 分钟间隔的取值。在得出研究结果之前，为了确定各市场变量具有显著的日内模式，研究还需进行一系列变量检验，即用 F 统计量检验每项市场变量在交易日内不同时间间隔的差异。

三、实证研究与结果分析

表 5－1 是大商所农产品期权样本的日内交易量、价格波动和相对价差在 5 分钟间隔内的均值统计结果，其中，F1 表示检验全部 48 个 5 分钟间隔之间差异的 F 统计量；F2 表示检验第 1 个间隔与第 2 至 14 个间隔之间差异的 F 统计量；F3 表示检验第 48 个间隔与第 39 至 47 个间隔之间差异的 F 统计量；F4 表示检验第 1 个间隔与第 48 个间隔之间差异的 F 统计量；F5 表示检验第 22 至第 29 个间隔与第 15 至 21 个间隔和第 30 至 38 个间隔之间差异的 F 统计量。全部统计显著水平均为 0.001。统计结果显示各市场变量具有显著的日内模式。

表 5－1　大商所农产品期权日内 5 分钟间隔市场变量的 F 统计量

	交易量	价格波动	相对价差
F1	90.2***	145.2***	481.5***
F2	226.4***	302.7***	726.3***
F3	258.1***	240.1***	20.1***
F4	0.8***	156.3***	514.8***
F5	99.5***	114.7***	32.8***

注：*** 表示在 1%的水平上显著。

（一）大商所农产品期权交易量的日内模式

图 5－1 是样本大商所农产品期权 232 个交易日的 5 分钟时间间隔平均

交易量的日内模式。样本大商所农产品期权的日内交易量呈明显的“M”形，交易量在交易日开盘大约10分钟后达到峰值，随后逐步下滑，在中午休市前出现明显下降，随着午后交易恢复，交易量再次放大，但其幅度较早盘稍小，之后逐渐下滑并趋于平稳直至收盘。这一实证结果证明了假说三：交易量在交易日开盘、收盘时段缩小。大商所农产品期权日内交易量延迟出现峰值与大商所农产品期权交易机制有直接关系。第一，大商所农产品期权与基础股票市场都是指令驱动型兼报价驱动型的混合型交易机制，以最优报价为交易起点，因此，交易者在交易过程中需要等待，这就产生了交易需求的累积；第二，大商所农产品期权市场采用与基础股票市场不同的交易机制，会吸引套利交易者和投机交易者进场交易，增加开盘后的交易量。套利交易者的目的是保护其在交易日当天建立的股票头寸或管理上一交易日无法交易的股票头寸。投机交易者在开盘后入场是因为其可以利用尚未体现在价格中的隔夜信息投机获利。

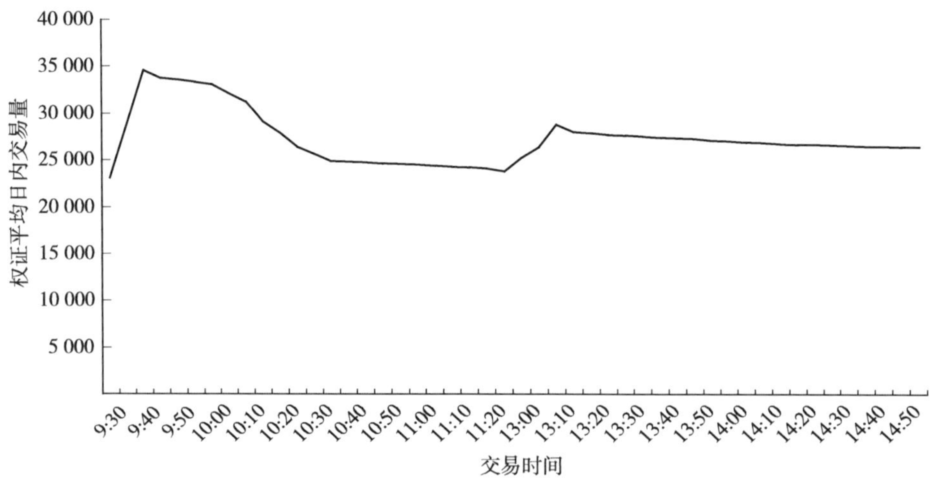

图5-1 大商所农产品期权交易量的日内模式

（二）大商所农产品期权价格波动的日内模式

图5-2是样本大商所农产品期权的平均日内买卖中间价时间加权标准差的分布。大商所农产品期权日内价格波动呈“U”形，在开盘后和收盘前各10分钟时间里明显高于交易日内其他时段。开盘约10分钟后，价格波动逐步减小，至中午休市前5分钟，再次小幅增强，随后回落至中午休

市。午后模式与早盘类似，价格波动在开盘约10分钟内小幅增强。本节研究假说二：日内价格波动在开盘后、收盘前均出现放大得到验证。此外，开盘的价格波动要明显强于收盘，这表明，与收盘时相比交易者的意见分歧在开盘时更大，中午休市前后出现的小幅波动也源于信息不对称。从图5-2也可看出，假说四的部分内容成立，即价格波动在交易日开盘后很短时间内扩大。

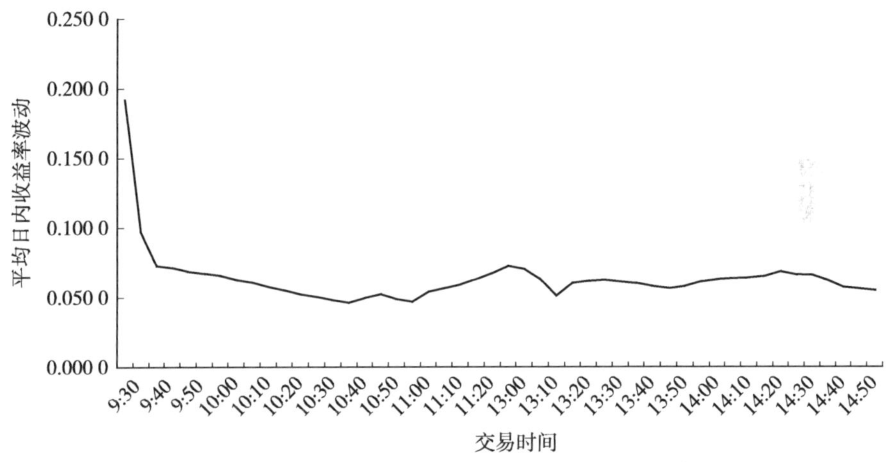

图5-2　大商所农产品期权价格波动的日内模式

（三）大商所农产品期权相对价差的日内模式

图5-3是样本大商所农产品期权的平均时间加权相对价差日内模式，从图形可以看出，日内相对价差呈反“J”形。相对价差在开盘10分钟内明显高于交易日内其他时段，在中午休市前后和收盘前小幅增大。这样的日内模式证明假说一成立，即大商所农产品期权的日内买卖价差在交易日开盘和收盘时更大，而且，这一结果再一次显示出交易机制的设置对日内市场变量的影响：特定的交易设置产生开盘、午休、收盘等特殊交易时段，而这些特殊时段导致更强的信息不对称，进而使相对价差放大。另外，在这些时段内，大商所农产品期权发行者和交易者也需要调整其限价委托单的价格以防止被知情交易者洗劫。图5-3也表明，买卖价差在交易日开盘后很短时间内扩大，结合上文关于价格波动的类似结论，假说四得到证明。

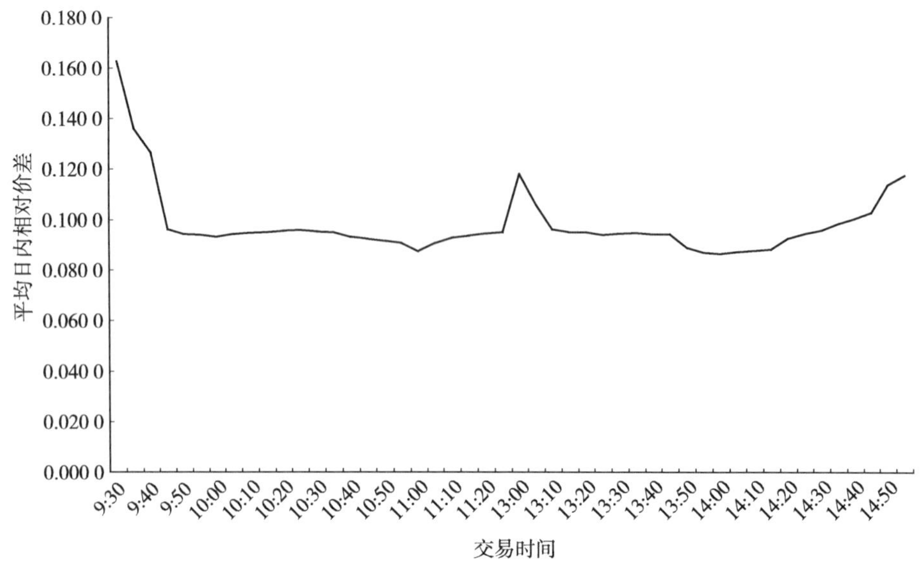

图 5－3　大商所农产品期权相对价差的日内模式

四、中小农村金融机构创新中的风险控制研究结论和主要启示

本节使用大商所农产品期权在 2018 年 1 月 1 日至 2018 年 12 月 31 日内全部 232 个交易日的 5 分钟间隔分时交易数据研究了日内交易量、价格波动和相对价差三项重要交易特征变量的日内模式，从交易机制的视角，解释了信息不对称、套利交易和投机交易对以上市场变量日内模式产生的影响，同时实证检验了基于市场微观结构基础理论提出的四项研究假说。

研究发现，大商所农产品期权样本的日内交易量呈“M”形，在交易开始后延迟出现峰值，出现这种情形的原因是大商所农产品期权市场采用代理商和特约交易商并存的混合驱动型交易机制，而且这样的机制又会吸引更多的套利者和投机者参与交易，放大开盘后或午后复盘后的交易量。大商所农产品期权样本的日内价格波动用平均日内买卖中间价时间加权标准差表示，呈“U”形，在开盘时明显强于收盘，由于信息不对称，交易者在开盘时的意见分歧更大。大商所农产品期权样本的日内相对价差呈反“J”形，在开盘、午休、收盘均高于其他时段，表明特定的交易机制设置和信息不对称影响了市场变量的日内模式。基于以上结果，研究认为市场交易机制和信息不对称理论是解释证券市场日内行为的重要依据。

本节未对大商所农产品期权日内交易量、价格波动和相对价差之间的关系进行深入研究，未来研究可以从该方向更进一步深入。另外，也可以从价格发现的角度入手，讨论大商所农产品期权市场与基础股票市场存在套利机会的情况下，两个市场的价格发现的过程。

第三节　农村中小金融机构服务创新与新型经营主体经营绩效的关系

新型经营主体能否用好农村金融机构改革提供的优质金融创新资源，是激发农村市场主体活力、实现农产品价格市场化和乡村振兴不可忽视的问题。本节基于金融发展理论，利用有效问卷数据构建结构方程模型（SEM），使用偏最小二乘法（PLS）分析农村中小金融机构服务创新对新型经营主体经营绩效产生的影响。研究发现：农村中小金融机构服务创新对新型经营主体经营绩效产生显著的正向影响，企业融资成本的降低，通过提高可用资本间接降低了新型经营主体的运营成本，最终提高了其经营绩效。基于研究结果，本节建议在提高农村金融供给质量、为新型经营主体量身定制金融服务的同时，还需完善农村金融体系，强化农村金融服务模式创新；加强物权融资机构服务新型农业经营主体的作用；推进农村金融内涵创新。

2018 年 12 月，中央经济工作会议提出“推动农商行、农信社业务回归本源”，通过深化农村金融机构改革，强化农村金融服务农村经济的功能，改善新型农业经营主体经营绩效，加快实现农产品价格市场化。2019 年中央 1 号文件再次提出培育新型农业经营主体的意见。农村中小金融机构服务创新是为了满足新型农业经营主体的金融需求，从金融供给的角度提高经营主体资产效率改善其经营绩效，也就是说，农村中小金融机构服务创新必须与新型农业经营主体的实际需求高度匹配，促进经营主体实现投入产出最大化，即经营绩效最优化。因此，本节研究以“两权”抵押贷款、农业担保贷款、供应链金融、互联网金融等为代表的农村中小金融机构服务创新对新型农业经营主体经营绩效产生的影响，有利于解决新型农业经营主体因融资难、融资贵和资金使用效率低下导致经营绩效不佳、制约农产品价格市场化发展的问题。

一、相关研究文献评述

近年关于金融创新支持新型农业经营主体的研究主要从四个方向展开，即新型农业经营主体的金融支持、金融供需、融资困境、金融支持的创新等。汪艳涛等（2014）选取山东省家庭农场、种养大户、农民合作社、农业企业的调查数据的实证研究表明：受访的新型农业经营主体具有明显的异质性金融需求，金融支持对不同新型农业经营主体的培育作用显著不同，建议提供差异化金融支持服务。

国内学者对新型农业经营主体金融供需的分析不断深入。周杨（2017）以辽宁省新型农业经营主体信贷需求为研究对象，讨论了信贷需求的现状及特征。华中昱和林万龙（2016）通过调研发现，贫困地区新型农业经营主体的融资主要依赖农信社，抵押担保类贷款成为新型农业经营主体最青睐的融资工具，相关融资额度不断提高、用途愈加广泛。王蔷和郭晓鸣（2017）总结了新型农业经营主体的金融需求特征，发现其金融需求强烈，且融资来源有限、成本较高、额度较大、用途集中，资金使用周期与农业生产周期高度一致。孙志毅等（2018）强调有效的金融供给是解决新型农业经营主体融资难的关键，提出从机制、体制、产品三个方面创新新型农业经营主体融资模式。

另外，有学者进一步分析了造成新型农业经营主体金融供需矛盾的原因及经营绩效的影响因素，即对新型农业经营主体融资困境展开分析。林乐芬和法宁（2015）、郝志瑞（2016）等提出新型农业经营主体融资困境是金融机构和政府政策共同作用的结果。黄可权等（2015）认为，要改善新型农业经营主体融资困境，必须从贷款利率定价机制入手，并提出坚持均衡适度、科学合理的原则，制定合理的贷款利率定价模式。汪艳涛等（2014）实证分析了传统金融服务对新型农业经营主体经营绩效的影响，发现两者关系的强度和显著性均在下降，原有金融服务已经无法有效支撑新型农业经营主体的经营绩效。

综上，国内外学者围绕新型农业经营主体的金融支持、金融供需、融资困境、金融支持的创新等问题进行了深入研究。但鲜有将金融创新和新型农业经营主体经营绩效作为研究对象，从金融创新的角度讨论金融投入要素对新型农业经营主体经营绩效的影响作用。新型农业经营主体从事农业经营的资金来源和风险防控能力先天不足，但这两项经济投入要素都是制约新型农业经营主体高质量发展的关键因素。因此，考察农村中小金融机构服务创新对新型农业经营主体经营绩效的影响具有理论和实践的双重需要。

二、农村中小金融机构服务创新对新型经营主体绩效的影响分析

农村中小金融机构服务创新是解决农村金融短板的根本途径。“十三五”以来，农村中小金融机构服务创新突飞猛进，不仅开展了农村金融综合改革试点，而且还在全国范围内开展农地确权和“两权”抵押贷款试点，加强农产品期货市场建设，创新农信担保体系等。农村中小金融机构服务创新对新型农业经营主体经营绩效产生影响的理论逻辑是：金融创新通过识别和更好地满足新型农业经营主体的金融需求，提高新型农业经营主体的资产效率，进而改善其经营绩效；反之亦然。

近年来，新型农业经营主体不断扩大市场份额和细分市场类型，一方面，其资金投入要满足正常生产经营、基础设施建设等一般性支出需求；另一方面，还需在扩大市场营销投入和经营规模方面保持递增性的支出需求。因此，新型农业经营主体的边际投融资需求较高，资金需求大。与此同时，新型农业经营主体的融资和投资周期不匹配经常导致其资金投入无法达到最优的资产使用和管理效率。农业生产较强的时令性和易受自然条件等不确定因素影响等特征，要求面向新型农业经营主体的资金支持不仅要便利、及时，而且还要期限灵活。相应的农村中小金融机构服务创新不但可能解决新型农业经营主体在期限固定的贷款到期时仍需使用资金却又只能贱卖还款甚至违约的困境，而且还有助于新型农业经营主体根据经营性支出（如用于生产经营的支出）和资本性支出（如基础设施建设支出）的不同投资需求，通过合理可控的资产管理手段，实现资源投入的收益最大化，即经营绩效的最优化。

目前，金融创新是农业经营管理的重要手段，也是实现经营主体绩效最优化的最佳方式。农村中小金融机构服务创新通过满足新型农业经营主体金融需求、解决其经营困境、提高资产使用和管理效率，改善其经营绩效的具体途径较多，从目前的经济现实来看，农村土地金融创新、供应链金融创

新、互联网金融创新更适合优化新型农业经营主体绩效的目的。

（一）农村土地金融创新对新型经营主体经营主体经营绩效的影响

我国各地发展差异巨大，区域经济特点迥异，农村土地资源是唯一共性最强的经济生产投入要素。随着农村土地流转和“两权抵押贷款”试点的深入推进，农村土地承包经营权和宅基地使用权已经具备了在金融活动中作为基础资产的金融属性，更适合新型农业经营主体在规模经营的前提下提高内部增信、扩大可抵押资产规模，从而获得借贷便利。同时，农村金融机构也可以更低的风险补偿和利率帮助企业实现低成本融资。因此，新型农业经营主体在扩大资产规模和经营规模、降低融资成本的同时，可提高资产使用效率，实现经营绩效的优化。

（二）供应链金融创新对新型经营主体经营绩效的影响

由于农业生产环节易受阻挠、风险较高，因此供应链金融是非常适合农业生产的金融创新形式。其特点在于充分发挥内源融资和外源融资的优势，通过供应链内部的信息共享，克服信息不对称导致的交易成本上升、交易风险提高等问题。就新型农业经营主体而言，供应链金融能结合新型农业经营主体的行业区位特点和农业产业链状况，面向新型农业经营主体、农产品收储和加工企业、农产品贸易公司等供应链主体提供低成本的流畅融资服务，并确保新型农业经营主体所在的供应链上的资金高效运转，从而促进产品流和资金流的双向流动，实现整个产业链中各主体的资产高效运转。这些不仅降低了农村金融机构的成本和风险，而且提高了新型农业经营主体的经营绩效。

（三）互联网金融创新对新型经营主体经营绩效的影响

互联网金融可以有效地降低信息不对称导致的信用风险，适合用以改善新型农业经营主体的经营绩效。互联网金融在农村电商迅猛发展的背景下，通过云计算等手段降低了获取贷款人信息的成本，同时提高了相关信息的准确性和客观性，有利于金融机构降低交易风险和成本，有效提高新型农业经营主体的融资效率和经营绩效。

可见，农村中小金融机构服务创新不仅能够有效解决农村金融短板问题，而且还可以通过农村土地金融创新、供应链金融创新和互联网金融创新等途径优化新型农业经营绩效，是解决我国农业经营主体融资难、融资贵的有效工具之一。

三、农村中小金融机构服务创新影响新型经营主体经营绩效的实证分析

（一）结构方程模型的设定

本节使用的结构方程模型（SEM）如图 5－4 所示。其中，观测变量包括 12 项农村中小金融机构服务创新指标和 3 项企业经营绩效指标。在调查问卷的全部观测变量中，农村中小金融机构服务创新评价指标（以下简称“创新指标”）1、12、14 和企业经营绩效评价指标（以下简称“绩效指标”）3 的因子载荷低于 0.5 的阈值，因此不能作为分析工具使用，须从观测变量中剔除，以保证调查问卷分析的可靠性。

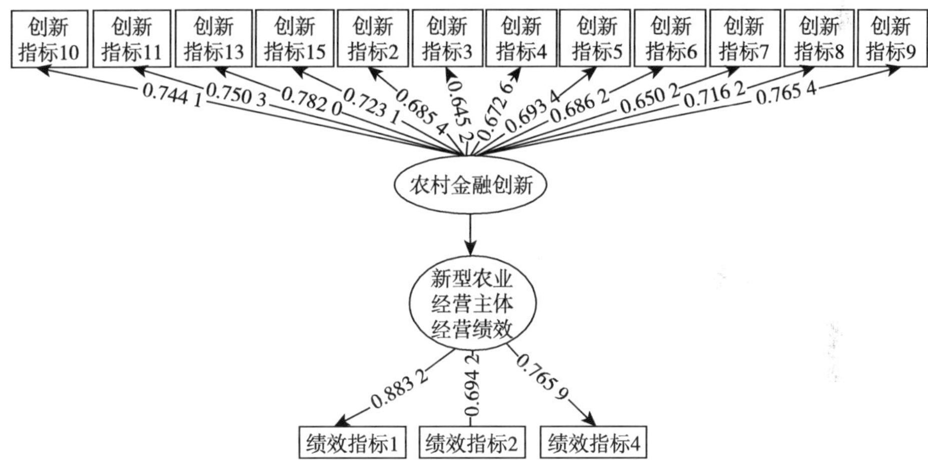

图 5－4　农村中小金融机构服务创新和新型农业经营主体经营绩效的结构方程模型

本节还使用交叉变量相关系数检验了调查问卷的区别效度，表 5－2 显示交叉变量相关系数低于 0.6 的阈值，由于因子的交叉变量相关系数越低，因子间的区别效度越高，证明调查问卷是可靠的。

表 5－2　农村中小金融机构服务创新和新型农业经营主体经营绩效的交叉变量相关检验

	农村金融创新	新型经营主体经营绩效
农村金融创新	1.000 0	—
新型经营主体经营绩效	0.525 6	1.000 0

（二）主要研究变量的说明

本节面向我国 291 个农村金融改革试点县（市、区）的 1 242 家新型农业经营主体开展问卷调查，调查对象包括新型经营主体负责人、主要财务人员等新型农业经营主体核心成员，最终回收了 1 055 份有效问卷。本次调查借鉴 Sindwani 和 Goel（2015）的调查问卷设计思路，将问卷分两部分：一是关于农村中小金融机构服务创新满意度的调查内容，涉及 15 项评价性描述，主要包括："两权"抵押贷款的办理手续简洁高效，"两权"抵押贷款的额度符合企业的资金需求，"两权"抵押贷款的利率较其他类型贷款利率更低，农业担保贷款的办理手续简洁高效，农业担保贷款的额度和期限较合理，农业供应链融资业务充分满足了企业的业务需求，供应链融资安全便捷等；二是对新型农业经营主体经营绩效的调查，包括销售额增长达到了预期或行业平均水平，净利润增长达到了预期或行业平均水平，企业员工数量增加，市场占有率的增速达到了预期或行业平均水平等 4 项评价指标。

（三）结构方程模型的检验结果

对图 5－4 中结构方程模型的 PLS 检验结果如表 5－3 所示。其中，通径系数 θ 的值用以判断变量间因果关系的强度；t 统计量用以测度变量间因果关系的显著性。表 5－3 的检验结果表明，农村中小金融机构服务创新对新型农业经营主体的经营绩效产生显著的正向影响，因此，农村金融服务和产品创新有助于提高新型农业经营主体的经营绩效。

表 5－3　农村中小金融机构服务创新影响新型农业经营主体经营绩效的 PLS 检验

影响路径	研究假设	通径系数（θ）	t 统计量	检验结果
农村金融创新→新型农业经营主体经营绩效	H1（＋）	0.314 8	3.930 1	显著正向影响

（四）实证结果分析

农村中小金融机构服务创新的通径系数 θ 为 0.314 8，t 统计量的值为 3.930 1，表明农村中小金融机构服务创新对新型农业经营主体经营绩效具有显著的促进作用，其原因可以从农村金融服务供需双方的角度理解。对于金融服务提供方，创新型的金融工具和服务扩大了可用金融资产的基数和金融机构的服务覆盖率，降低了运营成本，同时提高了客户获得金融服务的便利性和安全性，极大提高了金融机构的资产管理效率和盈利能力，它们提供给新型农业经营主体的金融服务成本也随之降低，新型农业经营主体融资成本的降低通过提高可用资本，间接降低了其运营成本，最终提高了新型农业经营主体的经营绩效。对于金融服务的需求方，新型农业经营主体通过使用成本和风险较低、更加便利的创新型金融服务更好地了解了自身的财务缺陷和金融需求，获得了有利的行业地位，也更加重视金融创新对企业经营的改善作用，加强与金融机构的合作，进一步提高经营绩效。另外，“两权”抵押贷款等新型农村金融工具不仅提高了新型农业经营主体的可用金融资产数量，而且间接改善了企业的信用，增强了供应商和客户对新型农业经营主体的信心，因此改善了企业经营绩效。

四、结论与政策建议

本节从解决新型农业经营主体因融资难融资贵和资金使用效率低下导致企业经营绩效不佳、发展困难的实际问题出发，根据金融发展理论的基本原理，并基于有效调查问卷数据，构建结构方程模型（SEM），使用偏最小二乘法（PLS），实证分析了农村中小金融机构服务创新对新型农业经营主体经营绩效产生的影响。研究发现，农村中小金融机构服务创新对新型农业经营主体的经营绩效产生显著的正向影响，企业融资成本的降低通过提高可用资本间接降低了新型农业经营主体的运营成本，最终提高了其经营绩效。基于研究结果，本节得出以下几点启示：

（一）兼顾创新与传统，开发适合新型农业经营主体特点的个性化金融服务

新型农业经营主体的发展需要个性化、定位于其“三农”特征的金融创新。创新过程中不应该忽视农村金融服务基于个性化、注重细节的本源。农村金融贷款的创新来源于面向新型农业经营主体的精细化金融服务，以降低金融服务价格和企业融资成本为精细化服务的导向，从新型农业经营主体生产经营的实际情况出发，根据其行业和周期特征设计贷款产品，并大力提高中长期贷款比例，避免因期限错配引发企业资金紧张。另外，城商行、农商行、农信社等区域性银行机构可以发挥其服务社区的便利条件，以新型农业经营主体为中心，开发创新金融服务，制定详细的支持新型农业经营主体的

发展计划，做到为新型农业经营主体单列信贷计划，降低金融服务价格，从而优化新型农业经营主体的融资成本，助其提高经营绩效。

（二）完善农村金融体系，强化农村金融服务模式创新

通过建立发达的农村金融物理网点体系，提高金融机构、劳务提供商和农业科技机构的合作协调水平，促进金融服务成为联结农村电子商务、农村社会化服务和农业技术推广的纽带，逐步将农村金融服务体系塑造成为新型农业经营主体获得物流资源、信息资源和金融资源的一站式综合服务体，在改善农村社会化服务水平的同时，提高新型农业经营主体经营绩效。

（三）加强物权融资机构服务新型农业经营主体的作用

物权融资机构是新型农业经营主体获得金融资源的重要服务提供商，其不仅可以为新型农业经营主体提供融资增信、扩大可用抵押资产，而且还可以帮助平滑新型农业经营主体的土地流转过程、降低流转成本。另外，物权增信类创新的主体主要是物权融资机构，因此，应完善物权融资机构内部治理和服务精细化程度，从信息公开、融资保证、基础资产等方面创新其金融服务，间接改善新型农业经营主体的经营绩效。

（四）推进农村金融内涵创新，改善新型农业经营主体经营绩效

以大数据为基础的农村金融内涵创新能够有效推动供应链金融、互联网金融和金融科技在农村金融领域的应用，为新型农业经营主体提供完善的资金管理、库存周转、市场分析等辅助性经营绩效管理服务。此外，还应促进农村金融内涵创新融入新型农业经营主体采购、种植、收购和销售的生产经营过程，在汇聚相应数据信息的同时，推广特色农业品牌和农产品。

第四节　数字供应链金融支持新型经营主体的障碍与解决之道

一、数字供应链金融的新时代

2018年以来，继C端互联网大潮之后，B端产业互联网成为行业热词。大型互联网公司纷纷加速B端转型，与实体经济各行业自发的互联网转型合流，成为助推实体经济产业升级的一股新力量，推动工业互联网时代加速到来。在此过程中，产业链的科技化、数字化程度显著提升，不断增厚“商

流、物流、信息流、资金流”的数据维度，促使供应链金融创新加速步入新阶段。笔者在梳理供应链金融模式创新演进逻辑的基础上，以苏宁银行的供应链金融创新实践为例，介绍科技驱动下供应链金融行业创新的新探索、新进展，以期为金融机构拓展供应链金融业务提供借鉴。

我们常说金融与实体经济是根与叶的关系，供应链金融与供应链也是如此。供应链金融依托供应链中的物流、信息流、资金流进行产品创新，供应链本身的发展程度则决定着供应链金融的创新边界与空间。

21 世纪前 10 年是国内供应链金融从零起步阶段。这个阶段，供应链金融的业务特点是银行等金融机构基于业已成熟的产业链进行产品创新，于 2012 年前后达到顶峰。这一时期的产品创新，以核心企业的信用让渡为基本出发点，基于核心企业与上下游中小企业之间的信用关系不平等，占用核心企业授信额度为中小企业授信，把中小企业融资这一相对高风险业务转变为大企业授信这一低风险业务。

在这一阶段，基于核心企业应收账款的金融产品创新是最成熟的模式。与此同时，一些金融机构开始拓展基于存货质押的供应链金融业务，从核心企业信用走向质押物信用，进一步拓宽了供应链金融的业务范围。但是，受限于当时的物流、仓储等配套机制，这类产品创新无法完全规避“一女多嫁”的重复质押问题、质押物的安全保管问题、仓单的真实性问题等，一旦大范围普及开来，就容易出现集中性风险。2012 年前后，钢铁贸易、铁矿石融资领域大量出现风险便是典型标志，根本原因仍在于，供应链金融的产品创新越过了供应链自身发展所允许的边界，出现了过度创新和脱实向虚的现象。

2012 年之后，传统上基于核心企业应收账款和存货质押的供应链金融的产品创新陷入短暂停滞，但在互联网技术的驱动下，供应链自身的发展步入快车道，为供应链金融拓展出新的空间。

广义的供应链，不仅包括供应商和制造商，还包括物流、仓储、零售商甚至顾客，如供应链专家苏尼尔·乔普拉就认为，直接或间接履行顾客需求的各方都属于供应链的范畴。在广义供应链的范畴下，变革率先发生在零售环节，B2C、B2B 电商平台借助互联网崛起，驱动供应链金融创新步入 2.0 阶段。相比传统产业链，电商平台从销售环节切入，开辟出以销售大数据为依托的供应链金融新模式，销售数据替代应收账款成为信用审核依据，大数据风控崭露头角，大大拓宽供应链金融的边界。

与此同时，生产制造环节的供应链变革也在悄然推进中。随着工业品全面步入过剩时代，企业间竞争加剧，通过供应链管理努力降低成本成为重要的突围之路，供应链管理开始大行其道，带动产业自身加速信息化转型。2018 年，《国民经济行业分类》（GB/T 4754—2017）正式收录供应链服务，将其界定为基于现代信息技术对供应链中的物流、商流、信息流和资金流进行设计、规划、控制和优化，将单一分散的订单管理、采购执行、报关退税、物流管理、资金融通、数据管理、贸易商务、结算等进行一体化整合的服务，这标志着供应链的发展步入新的阶段，为供应链金融创新打开新的空间。

二、数字供应链金融支持新型经营主体的途径

随着大数据、区块链和云计算等新兴技术对各行各业的影响逐渐深入，客户商业化竞争的不断加剧，金融服务逐渐向线上化、平台化发展。2020 年以来受新冠肺炎疫情影响，工厂生产不足，物流运输受限，国内外供应链与产业链受到严重冲击。面对经济发展和复产复工的紧急需求，迫切需要依靠金融服务有效修复供应链与生产线。

在此关键时刻，全程“零接触式”的金融交易对金融服务提出进一步发展线上化操作的需求。其中，作为线上金融服务的主要代表，线上供应链金融服务具备前所未有的优势。在互联网、物联网技术深度介入供应链金融的今日，线上供应链金融服务平台的建立有效实现了整个链条中各项资源的整合，物流、资金流、商业流和信息流得到进一步优化，并为客户提供定制化的金融服务，使客户与客户、客户与银行间无需面对面交易，减少新冠肺炎病毒的交叉感染风险。

（一）数字供应链金融支持新型经营主体的障碍

供应链金融以核心企业为中心，链接金融机构与上下游客户，依靠真实贸易背景和资金的封闭式运作，为上下游企业提供融资服务。但是，在日益复杂的企业融资需求和银行强化风险管理的态势下，其实现有效服务实体经济还有一段路要走。

第一，对于农村中小金融机构银行来说，如何在全链条业务处理中把控风险是关键。供应链金融的风险管理包括主体信用风险管理和系统操作风险管理，且依赖于银行对企业经营状况和贸易背景的数据真实性判断。如何掌握全链条和多主体的有关数据，并保证数据的真实性是供应链业务落地过程中面临的难题。整个业务过程存在银企信息不对称问题，难以做到准确的穿透式管理。

第二，对于新型经营主体（核心企业）来说，链接整个链条，增加上下游企业的黏度，加强过程管理是难点。核心企业是供应链中银行与上下游企业的纽带，其依靠自身的信用输出，减少上下游中小微企业的融资难度。但是，在整个链条中，由于上下游企业体量不同、分工定位不同，对资金的需求也不同，核心企业缺乏管理整个供应链交易流转的有效手段，面临动态管理的难题。

第三，对于上下游企业/客户来说，要有效获取银行融资，满足自身特殊融资需求和获得便捷的金融服务是痛点。一般来说，大部分上下游中小微企业的经营情况、财务状况、风险评级等都难以达到银行的准入条件，缺少相应的有效担保，并且金融机构无法准确识别其经营、贸易及财务信息，所以这些企业在获取银行的融资支持上存在困难。同时，信息收集、纸质材料的递交、业务审批等复杂的流程环节都影响着业务办理的时效。

除此之外，客户对于融资的需求早已不是单纯对于资金的需求，原先设置的单一的标准化业务模式也不能胜任多样的业务场景。金融机构针对特殊行业及客户提供定制化服务方案将成为市场上的常态。

（二）数字供应链金融支持新型经营主体的有效路径

针对上述供应链金融服务实体经济面临的难题，并结合新形势下供应链线上化和平台化的发展现状、日益加剧的市场竞争和多样化的需求，农村中小金融机构依靠不断升级的创新型产品及供应链系统、多样化的业务模式及良好的客群基础，不断对供应链金融领域进行深入探索。不断强化“智慧和生态供应链”的理念，将金融科技深度嵌入到企业日常的供应链经营和管理过程中，推动供应链金融的线上化发展。同时，在产品创新、业务模式改造、系统升级和风险防范四个方面不断加大投入，以供应链金融的持续创新，有效提升农村中小金融机构服务新型经营主体的实效。

1. 系统升级

农村中小金融机构应积极践行“打造智慧和生态供应链金融”的理念，全面整合供应链产品和渠道，打造升级集客户融资、结算和增值服务于一体的更具智能化和开放特色的供应链系统平台，助力惠农金融产品全面升级。

全新的惠农供应链平台延续“惠农”品牌“资金秒级到账”的特色，升级融合门户、网银等四大对公渠道，构建开放式用户体系，全面支撑线上化服务模式的应用。

升级系统的目的是通过对公电子渠道与核心企业或贸易平台的对接，将整个产业链上的信息进行共享，不仅缩短服务响应的时间，还帮助银行与核心企业实现对业务经营过程的实时把控。从用户签约到放款的全流程线上办理，再到业务的自动化审批，都在很大程度上使得融资流程更加简捷高效，提高企业资金周转效率，降低经营与融资成本。

新的惠农供应链系统不仅仅要涵盖应收、预付全系列产品，创新打造“产品＋项目＋客户”分层管理模式，还需实现对产品及流程的“组装”，打造出“产品工厂”的概念，以满足产业客户在不同业务场景下的个性化需求。

升级系统还需实现在线签约、一键开票等多项功能，对操作界面、业务流程、系统菜单进行全面优化，简化业务流程，提高业务的办理效率。

2. 风险防范

农村中小金融机构的供应链金融业务可通过与第三方专业机构或平台，如中企云链、中征平台合作，依托银企直联等多种电子渠道对接企业或平台系统，从而实现更多核心企业、平台交易数据在业务平台上的实时传送。除此之外，核心企业也可在农村中小金融机构的在线客户端系统开通用户权限，不仅避免了二次开发系统的周期和成本，还可以获取更多信息来辅助贸易背景审查和全流程管理。

基于自身业务系统对贸易数据的实时分析，农村中小金融机构可以实现在业务流程办理中对上下游企业资金和运营情况的精准把控，加强关注交易对手风险，并逐渐完善中小微企业信用评价体系，提升风险防范能力。经核心企业确认的贸易信息已经成为银行有效的风控手段，间接地为其上下游中小企业打通融资通道，降低准入门槛。

三、数字供应链金融支持新型经营主体的展望

《2018年供应链金融行业发展趋势研究报告》预测，2020年我国供应链金融市场规模或将达到27万亿元左右。面对日益增长和变化的市场需求以及金融科技的飞速发展，供应链金融要因时而变。

未来，中国供应链金融将由线上化、平台化向建立供应链金融生态圈的方向推进，实现产业之间的跨界与融合。这样的供应链金融生态圈包含两种新型商业模式。其一，现阶段的供应链金融以一项贸易融资需求为契机，以核心企业为枢纽，涉及一整条产业链的纵向合作关系，而生态圈的形成就是以线带面，依靠产业链条与相关产业横向合作关系的发展。其二，建立大型贸易平台。以平台化的方式将相关产业客户集中起来，再整合各个链条上的上下游企业，以点带面，全面铺开，共同参与平台生态圈来实现未来的发展。

供应链金融生态圈的建立离不开区块链、5G、大数据、云计算等信息技术的帮助。依托先进的金融科技，海量数据可以得到超高质量和超低延时的传输，网络数据可以实现实时共享、数字加密和不可篡改等独特功能。一方面，银企或银行与供应链平台之间的系统对接，可以实现银企信息的加密共享，并记录企业债权在供应链中流转的全过程，合理管理贸易信息；另一方面，把握真实的贸易背景与实时的信息交互，可以促进互联网模式下新的交易信息监控和风险管理体系的形成。基于对企业条件和贸易信息的实时监控，将对风险的把控贯穿于全链条，环环相扣，动态管理。同时，依托新的风险评估方式，改变原有的信用风险评估体系。

未来，供应链金融的参与主体将逐渐丰富，从包括商业银行、电商平台、供应链专业化服务公司等在内的金融服务公司，到大型企业跨界经营。越来越多的供应链核心企业依托自身的行业资源优势或旗下的财务公司，纷纷涉足供应链金融业务，如流通金服、双链通、融易联等。

除此之外，面对客户需求，有针对性地提出定制化方案和创新个案，"更细分、更精准、更专业"成为供应链金融发展的方向。依据特定行业、特定客户的定制化产品模式，将逐步打破原有产品边界，对银行产品和业务的创新组合与响应效率提出更高要求。

第六章　服务农村人居环境改善的资本市场融资创新机制

目前农村人居环境和乡村基础设施建设，与城市相比，差距巨大，是一个亟待补齐的短板。本章讨论通过资本市场融资改善农村人居环境、乡村基础设施建设和公共服务的创新方式。拟重点研究的内容包括：①农村基础设施项目股债混合型直接融资模式；②农村基础设施 PPP 项目资产证券化创新；③基于农村公共服务构建周期特征和内容特征的长期信贷供给模式。

第一节　农村基础设施项目股债混合型直接融资模式

一、"股债"结合创新融资方式提出的背景及意义

国务院常务会议审议通过的《关于进一步显著提高直接融资比重优化金融结构的实施意见》提出，要"积极拓展直接融资工具和渠道。一是大力推动债券市场品种创新，发展长期债券、高收益债券、项目收益债。二是积极发展股债结合品种，深入推进优先股试点，发展可交换债、可续期债等创新产品。三是扩大信贷资产证券化规模，发展企业资产证券化，推进基础设施资产证券化试点。"同时，2016 年全国两会通过的《中华人民共和国国民经济和社会发展第十三个五年规划纲要》也明确要求"积极培育公开透明、健康发展的资本市场，提高直接融资比重，降低杠杆率。""开发符合创新需求的金融服务，稳妥推进债券产品创新，推进高收益债券及股债相结合的融资方式。"

"股债"结合是一种创新的融资结构安排，在该方式下，既有权益获得资本增值收益的特征，同时也具有债券定期获得固定收益的特征。在金融市场领域，"股债"结合主要通过资产证券化产品或者混合型证券进行。在商业银行领域，则多采用"投贷联动"的模式，形成股权投资和银行信贷之间

的联动融资模式。相对于传统的股票和债券工具而言，“股债”结合具有一定的优势。一方面，由于“股债”结合融资方式的“股+债”的双重属性，对于投资者而言，能够在权益市场上升时获得高额收益，在权益市场下降时获得保护；对于发行人而言，则能够获得较低成本的融资资金。另一方面，“股债”结合融资结构安排的灵活性和多变性，为市场提供了满足各种投资风险偏好的金融工具，提供了传统金融工具所不能涉及的资金来源。

在当前实体经济下行，企业间接融资占比过高的背景下，“股债”结合融资方式的创新发展，将更有利于提高直接融资比重、降低企业杠杆率。同时，也能够改善发行人的资产负债结构，与企业的资金需求特点相匹配，从而优化企业融资的效率。

（一）提高直接融资比重，分散金融体系风险

长期以来，我国企业的融资主要依赖于银行间接融资进行，使风险集中于银行系统，也使企业承担较高的融资成本，容易使企业在发展过程中遇到资金瓶颈。尽管近年来，资本市场的高速发展使社会融资结构得到了持续的改善，至2015年，我国直接融资占社会融资总额的比例提升至24%，但与间接融资相比，直接融资的比重仍偏低。尤其在当前宏观经济形势下，企业盈利和收入持续负增长，无疑增加了银行的系统性风险。通过“债权”结合的新融资工具进行直接融资，有助于分散我国金融体系的风险，为企业开辟更宽广的融资渠道，同时也为企业提供较低成本融资资金。在融资过程中，投融双方也可通过各自的风险收益的偏好来设置具体的融资条款，包括融资结构、融资模式、推出时间及推出方式等，提高资金配置效率。

（二）缓解中小企业融资难、融资贵问题，激发中小企业的活力

中小企业作为我国经济的重要部分，是经济中最富有活力的群体。然而，由于中小企业规模小、制度管理不健全、发展前景不明朗等原因，使得商业银行在中小企业领域的信贷资金投放有限，融资渠道狭窄，无法满足中小企业的融资需求。近年来，相关部门出台了一系列对中小企业的金融政策，但是我国中小企业融资难、融资贵的问题依旧十分突出。在此背景下，国家提出“股债相结合等创新型融资方式”，有助于中小企业与市场直接对接，为中小企业开拓更多融资渠道，使中小企业可根据自身的资金需求特性匹配相应的资金。同时，股债结合的融资方式帮助其降低融资成本，为其快

速、健康发展减轻负担，更大限度地激发中小企业的活力。

（三）创新融资工具，助力大众创业、万众创新

“大众创业、万众创新”作为现阶段我国加快经济转型升级的重要政策之一，关键在于破解“双创”企业的融资问题。我国目前依赖银行的融资结构已不能适应新发展阶段的要求，需要创新融资方式并与新阶段的融资需求相适应，而股债结合的融资方式在新经济环境下孕育而生。从“双创”企业的行业而言，多为高端制造业和现代服务业等新兴产业，具有轻资产、高风险、前期资金需求大等特点，其发展必然需要多渠道的融资资金予以支持。“股债”结合为“双创”企业提供了灵活的融资方式和充沛的资金配给。对于投资人而言，在满足了其特定股权投资需求的同时，也降低了其承受的投资风险。

二、农村基础设施项目适用股债混合型直接融资方式

在我国目前常见的“股债”结合的融资方式中，资产支持证券和不动产信托投资基金可望成为PPP模式外适用的农村基础设施项目融资方式。

（一）资产支持证券

1. 何为资产支持证券

资产支持证券（ABS）是指将缺乏流动但能产生可预期的稳定现金流的资产作为抵押，通过一定的结构化安排对资产的风险与收益要素进行分离与重组，并配以相应的信用担保，在市场发行的具有固定收益率的高档债券，其本质上是一种债券性质的金融融资工具。但由于资产支持证券的结构化设计，其劣后层最后享有收益的分配权并承担主要风险，其特点与权益相同，这使资产支持证券同时具有了债券与权益的特征。

在我国，资产支持证券主要分为信贷ABS、企业ABS、资产支持票据（ABN）。信贷ABS主要由银监会监管，其基础资产主要为银行信贷资产及金融租赁资产，通过信托公司在全国银行间债券市场上发行和交易。企业ABS主要由证监会监管，其基础资产呈现多样化，包括财产权利（企业应收款、租赁债权、信贷资产、信托受益权等），不动产财产及不动产收益权（基础设施、商业物业等）。企业ABS主要在证券交易所、全国中小企业股份转让系统、机构间私募产品报价与服务系统、证券公司柜台市场等场所进

行挂牌、转让。资产支持票据（ABN）由银行间市场交易商协会主导，其基础资产为已建项目未来收益权，于银行间市场注册发行。

2. 资产支持证券适用于农村基础设施项目融资的原因

资产证券化始于20世纪70年代的美国住房贷款证券化，并在几十年间得到了快速的发展，为银行提高资本充足率、改善资产质量、增强资产流动性提供了有效工具。2005年3月，我国正式启动信贷资产证券化试点，出台了《信贷资产证券化试点管理办法》。2005年12月，国家开发银行和中国建设银行作为试点单位，在银行间市场分别发行了首批资产支持证券。2005年9月，证监会也推出了首只企业资产证券化产品——中国联通CDMA网络租赁费收益计划。2007年受美国次贷危机影响，出于宏观审慎和控制风险的考虑，我国紧急叫停了资产证券化试点，直到2011年9月资产证券化的试点才再度开启。为有效优化金融资源配置、盘活存量资金，更好支持实体经济发展和经济结构调整，发展多层次资本市场，资产证券化业务由试点业务开始转为常规业务。

资产支持证券因以下特性更适用于农村基础设施项目融资：

（1）以特定的债券或受益权作为融资抵押物，不是以公司整体的名义融资；

（2）融资规模基本没有限制，且期限灵活；

（3）实现了风险与收益隔离，通过特有的提高信用等级的方式，增强了流动性，通过结构化设计将收益进行分层配置；

（4）优先级投资者相当于持有高等级债权，而次级和劣后级投资者相当于持有剩余收益，同时满足不同风险偏好的投资者，具有股权与债券的双重特性；

（5）整体风险通常低于公司整体风险，能获得较低利率，降低融资成本。

（二）不动产信托投资基金

1. 何为不动产信托投资基金

2014年4月25日，“中信启航专项资产管理计划”正式发行，其基本具备了房地产信托投资基金（Real Estate Investment Trusts，REITs）的特征，标志着我国首只私募REITs的正式落地。2015年7月6日，我国首只公募 REITs“鹏华前海万科 REITs”成功登录深圳交易所。

不动产信托投资基金是一种以发行收益凭证的方式汇集多数投资者的资金，由专门投资机构进行房地产投资经营管理，并将投资综合收益按比例分配给投资者的一种共同基金。REITs 一般从上市或非上市公司收购房地产资产包，并严格限制资产出售，其大部分收益来源于房地产租金收入、房地产抵押利息或来自出售房地产的收益。

目前我国 REITs 存在私募和公募两种方式。前者主要以专项计划的方式进行，后者以公募投资基金的方式进行，并可以在证券交易所上市流通。由于 REITs 一般投资于具有固定收益的房地产物业，因此 REITs 兼具固定收益类产品的特点及股票特征。

2. 不动产信托投资基金适用于农村基础设施项目融资的原因

早在 2007 年，监管层就成立了“房地产投资基金专题研究领导小组”。2009 年，央行初步拿出了 REITs 试点的总体框架，并初步拟定了“REITs 试点管理办法”。但在当时央行的 REITs 试点总体框架中，并未赋予 REITs 的公募属性，只能在银行间流动。近几年来，我国实体经济疲软，其能够提供的回报率不能满足投资者的预期收益要求，大量的基金缺乏投资渠道。同时，我国房地产行业经过快速的发展后承压严重，有大量的商业物业资产亟待盘活，有较大的资金需求。REITs 的推出正好打通了两者的桥梁，将商业物业资产证券化，使得这类资产具备了便利交易、便利融资的条件，从而大幅改善了商业物业资产的流动性。REITs 在盘活存量资产，充分利用社会资金，在促进房地产行业长期、稳定发展的同时，也为投资者提供了比较安全、收益较高的投资工具。2014 年 9 月 30 日，央行发布《中国银行业监督管理委员会关于进一步做好住房金融服务工作的通知》，2015 年 1 月 14 日，住建部发布《关于加快培育和发展住房租赁市场的指导意见》，均提出“积极推进房地产投资信托基金（REITs）试点工作”，REITs 在 2014 年后有了较快的发展。2020 年 4 月 30 日，中国证监会、国家发改委联合发布《关于推进基础设施领域不动产投资信托基金（REITs）试点相关工作的通知》，并出台配套指引，旨在推动新基建、交通、能源、仓储物流、环境保护、信息网络、园区开发七大领域的发展。

不动产信托投资基金因以下特性更适用于农村基础设施项目融资：

（1）收益来源于项目收入和基础设施升值，收益大部分用于发放红利；
（2）是介于债券和股票之间的产品，收益较债券高，而风险较股票低；
（3）其收益和分红相对稳定，具备固定收益类产品的特点；
（4）与股市、债市相关程度低，而与房地产市场的景气程度高度相关；
（5）能够抵御通货膨胀，可被更广泛的投资者接纳。

第二节 农村基础设施PPP项目资产证券化创新

农村基础设施PPP项目是乡村振兴战略的重要组成，资产证券化产品因其流动性多样、信用分层、期限分割的特点成为推进农村基础设施PPP项目实施的高效途径。本节基于资产支持专项计划、资产支持票据和资产支持计划的主要运行模式，分析了各类农村基础设施PPP项目资产证券化的运作流程和主要差异，在进一步分析运作中的破产隔离风险等问题的基础上，建议创新破产隔离结构，完善相关法律，提升二级市场流动性，引入中长期机构投资者，扩大境外融资。

作为我国社会主义建设的一个重要组成部分，农村基础设施建设一直是各级政府肩负的主要任务，如何贯彻乡村振兴战略、切实提升农村居民生活品质已经成为我国近年来的重要发展难题。在新农村建设过程中，农村基础设施建设是各项建设和发展的重要保障，也是实现农业农村现代化的主要途径。虽然农村建设的步伐在不断加快，各级政府在乡村道路、废弃物处理、水电供应等方面投入了大量的财力物力，但是由于我国农村积弱已久，基础较为薄弱，农村环境以及各项设施相对落后，农村建设与全面建成小康社会这一发展目标之间依然差距巨大，农村基础设施PPP项目蓄势待发。中共中央在2016年提出了《关于推进农业领域政府和社会资本合作的指导意见》，对农业PPP项目的重点发展对象及发展计划等问题做出了阐述，鼓励社会资本参与农村建设，实现农业生产的现代化、规模化，同时建设相应的农村环境以及动植物保护设施，完善农村公共服务。不仅如此，中央还在2017年推出的《关于创新农村基础设施投融资体制机制的指导意见》中，就政府和社会资本合作（PPP）模式的再融资和资本运作提出了进一步指导意见，积极鼓励各地区使用这一模式多角度提升农村基础设施建设水平。即在建设的过程中，积极使用更为市场化的运作方式提升各个地区农村基础设施建设水平。

虽然在政策上得到了的大力支持，但是农村基础设施 PPP 项目固有的资本流动性不足、投资回收期长等问题依然是掣肘项目开展的重要问题，而可上市交易的资产证券化产品具有的流动性多样、信用分层、期限分割的特点恰恰能够完美地解决农村基础设施 PPP 模式在推广中遭遇的瓶颈难题。2017 年财政部、中国人民银行、中国证监会联合发布《关于规范开展政府和社会资本合作项目资产证券化有关事宜的通知》，强调“建立多元化、可持续的资金保障机制，鼓励各类市场资金投资 PPP 项目资产证券化产品。”该通知为农村基础设施 PPP 项目的市场化运作奠定了坚实的基础。农村基础设施 PPP 模式有三个支点：短期依靠政府补贴，长期依靠运营效率提高，资本运作贯穿始终。从资本运作的角度看，资产证券化为农村基础设施 PPP 项目提供了再融资的理想选择，同时也是资本退出的可靠途径。因此，农村基础设施 PPP 项目资产证券化将成为农村基础设施投融资模式创新的代表，更有利于加快农村基础设施建设步伐。

一、开展农村基础设施 PPP 项目资产证券化的基本条件

常见的信贷资产证券化基础资产通常是融资租赁债权或项目贷款，而农村基础设施 PPP 项目资产证券化的基础资产一般是可预期的财政补贴或收费权，这一基础资产的不同决定了农村基础设施 PPP 项目更适合资产支持计划（Asset - Backed Arrangements，ABA）、资产支持专项计划（Asset - Backed Special Arrangements，ABSA）或资产支持票据（Asset - Backed Notes，ABN）（Estache，2014）。这三类资产证券化工具的主要区别在于原始权益人（发行人）的差异。鉴于目前国内上市的四只 PPP 项目资产支持证券全部为资产支持专项计划，为了提高研究的现实指导意义，本节以资产支持专项计划为例，讨论农村基础设施 PPP 项目开展资产证券化需满足的基本条件。

（一）原始权益人应具备的基本条件

根据我国现行法律，结合资产支持专项计划对原始权益人基本属性的要

求，在农村基础设施 PPP 项目资产证券化运作中，原始权益人应为全民所有制企业、有限责任公司或事业单位等独立法人机构。其具有健全的内部控制制度，持续经营能力强，财务风险、经营风险和法律风险可控（Fabozzi，2008），最近三年无人民银行企业信用报告提示的不良信用记录，无虚假信息披露或重大违约，未发生过重大违法违规行为。

（二）基础资产应具备的基本条件

农村基础设施 PPP 项目 ABA 的基础资产除须符合我国现行法律法规及国家政策规定对金融衍生品基础资产的定性要求外，还必须具有产生可预测、可定量的独立、稳定、持续现金流的特征。在交易基础真实的前提下，基础资产的交易价格不应高于公允市场价格（可参照可比资产市场价格）。如果开展资产证券化的基础项目是已运营的项目或存量项目，那么该项目的运营时间应满足持续运营要求（如已持续运营 12 个月），同时，项目经营业绩良好，产生的现金流数据保留完整，数据真实可靠（葛培建，2013）。ABA 基础资产还应具备对相应 PPP 项目资产证券化的适用性，即不属于《资产证券化基础资产负面清单》的范围，不涉及任何阻碍资产证券化基础资产职能的权利限制。

二、农村基础设施 PPP 项目资产证券化的运行模式

（一）基于不同基础资产形式的农村基础设施 PPP 项目资产证券化运行模式

农村基础设施 PPP 项目资产证券化主要是以收益权作为基础资产，可采取三种运行模式：一是基于收费收益权的使用者付费模式，二是基于财政补贴的政府付费模式，三是基于收费收益权和财政补贴的“可行性缺口”模式。

1. 基于收费收益权的使用者付费模式

该模式下的基础资产是原始权益人（农村基础设施 PPP 项目公司）在特定区域、特定期间内提供相关商品或服务而享有的收费收益权。这类农村基础设施 PPP 项目对应的商品或服务具有需求稳定、现金流可预测性高、波动小等特点，其收入全部来自于商品或服务的使用者（李英攀等，2017）。由于特许经营权对于授予主体有较高的资质准入要求，因此，特许经营权所

产生的收费权本身无法转让，只能向资产支持证券的 SPV 转让收益权，即基于特许经营权所产生的未来收入现金流（何凌霄等，2017）。

2. 基于财政补贴的政府付费模式

这种模式的基础资产是原始权益人（农村基础设施 PPP 项目公司）在特定区域、特定期间内提供相关商品或服务而享有的地方政府财政补贴。由于这类项目的基础资产是地方政府的财政付款，因此，地方政府的财力水平、预算程序至关重要，是这类资产证券化项目的关键所在（孔薇等，2017）。

3. 基于收费收益权和财政补贴的“可行性缺口”模式

这种模式的基础资产是原始权益人（农村基础设施 PPP 项目公司）在特定区域、特定期间内提供相关商品或服务而享有的收费收益权和地方政府财政补贴。这种模式比较适用于财务效益欠佳、可经营系数较低、直接向农户提供服务且投资及运营成本和必要回报高于项目运营收入的农村基础设施项目（吴清华，2015），如乡镇医院、学校、乡村文化及体育场馆等。

（二）农村基础设施 PPP 项目资产证券化的运作流程

1. 农村基础设施 PPP 项目资产支持专项计划（ABSA）的运作流程

首先，设立专项计划，专项计划管理人由券商（或基金子公司）担任，并由其负责设立 ABSA，同时募集资金。其次，专项计划成立后，原始权益人将基础资产出售给管理人，获得其通过专项计划募集的资金，借以完成项目融资（或再融资），在项目的后续管理和运营中承担基础资产服务机构的职责。再次，归集现金流和分配收益。在专项计划存续期间，原始权益人在监管银行开立监管账户，并完成现金流的划转和归集。现金流归集后，管理人继续履行其管理专项计划资产的职责，同时，托管人也须根据《托管协议》尽职完成专项计划资产的托管（邹晓梅，2014）。为解决 ABSA 当期本息可能无法得到足额偿付的问题，专项计划还须预先设立差额支付条款，指定履约承诺人负责补足当期本息的差额部分，同时还应确定履约担保人，对履约承诺人的履约义务承担担保保证。最后，托管人通过结算机构向投资者兑付产品本息，完成专项计划本息收益的分配。具体流程如图 6-1 所示。

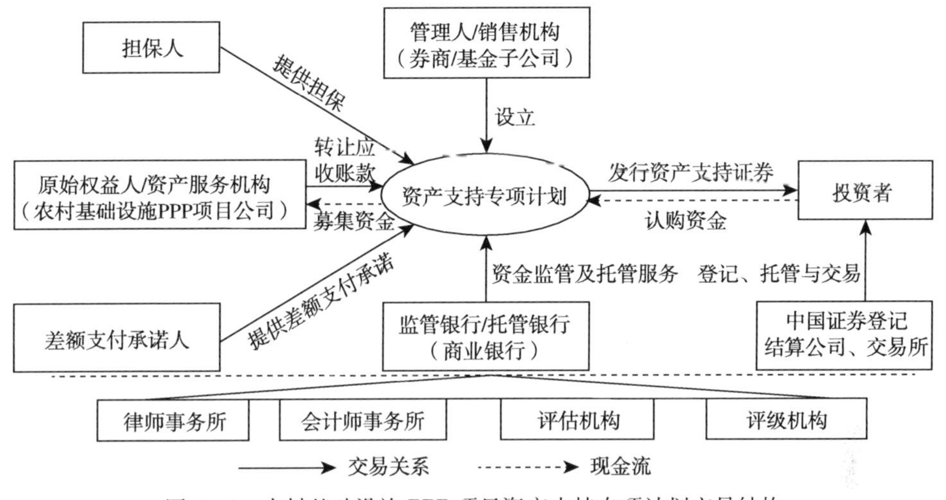

图 6-1　农村基础设施 PPP 项目资产支持专项计划交易结构

2. 农村基础设施 PPP 项目资产支持票据（ABN）的运作流程

首先，由农村基础设施 PPP 项目公司或其母公司作为发行人与 ABN 主承销商签署《应收账款质押合同》等交易文件，并向投资者发行资产支持票据（ABN）。然后，发行人将基础资产产生的现金流定期归集到资金监管账户，并依法使用监管账户中的资金偿还 ABN 当期本息。如果 ABN 当期本息无法得到足额偿付（基础资产现金流不足），那么差额部分由发行人补足（李佳，2015）。由于目前国内 ABN 结算由上海清算所负责完成，监管银行还需通过在上海清算所开立的结算账户在本息兑付日前将 ABN 当期本息支付给其持有人。具体流程如图 6-2 所示。

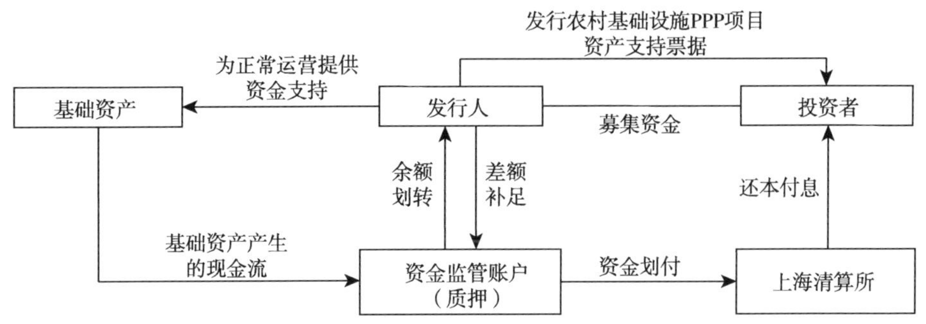

图 6-2　农村基础设施 PPP 项目资产支持票据交易结构

3. 农村基础设施 PPP 项目资产支持计划（ABA）的运作流程

首先，农村基础设施 PPP 项目公司（原始权益人）依据与保险资产管理公司（受托人）签订的《资产转让合同》将其 PPP 项目 ABA 基础资产转让给受托人。受托人管理资金并购买以上基础资产（同时签署《委托标的认购协议》）。在此基础上，受托人通过与托管人签署《托管合同》的方式设定资产支持计划的托管人，托管人继而依法履行有关资金的收付、保管和结算的义务。如果 ABA 当期本息无法得到足额偿付（基础资产现金流不足），那么差额部分由 ABA 的增信机构补足（胡威，2012）。最后，在委托人的指示下，托管人向受益凭证持有人支付当期本息，完成资产支持计划本息收益的分配。具体流程如图 6-3 所示。

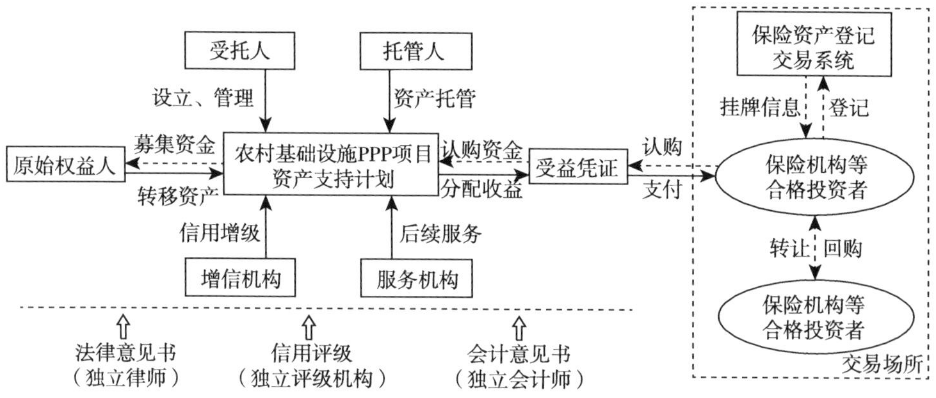

图 6-3　农村基础设施 PPP 项目资产支持计划交易结构

（三）农村基础设施 PPP 项目 ABSA、ABA 与 ABN 的比较分析

农村基础设施 PPP 项目资产支持专项计划（ABSA）、资产支持计划（ABA）和资产支持票据（ABN）在 SPV 类型、市场结构、业务规模等方面存在诸多不同，主要差异分析如表 6-1。

表 6-1　农村基础设施 PPP 项目 ABSA、ABA 与 ABN 的比较

	农村基础设施 PPP 项目（ABSA）	农村基础设施 PPP 项目（ABA）	农村基础设施 PPP 项目（ABN）
基础资产	实行负面清单制，可以是不动产收益权或不动产及其收益权的组合	实施动态负面清单管理，依据穿透原则确定	符合法律法规规定，权属明确，能够产生可预测现金流的财产、财产权利或组合

（续）

	农村基础设施 PPP 项目（ABSA）	农村基础设施 PPP 项目（ABA）	农村基础设施 PPP 项目（ABN）
特殊目的载体（SPV）	证券公司/基金子公司（ABSA）	保险资管公司（ABA）	SPV 形式灵活，也可以不设立 SPV
市场结构	由证监会主管，实施事后备案制审核，市场具有一定竞争性	由保监会主管，实施初次申报核准审核，同类产品事后报告，市场竞争差	由交易所协会主管，实施注册制审核，市场竞争激烈
业务规模	面向合计不超过 200 人的合格投资者发行，业务规模有限	面向保险机构以及其他具有风险识别和承受能力的合格投资者发行，业务规模较大	面向银行间债券市场所有机构投资者发行，业务规模巨大
信用评级	由合格资信评级机构进行初始评级和跟踪评级	由受托人聘请合格信用评级机构对受益凭证进行初始评级和跟踪评级	对公开发行实施双评级，投资者可同时进行付费信用评级

三、开展农村基础设施 PPP 项目资产证券化的主要问题

（一）特许经营权难以转让，增加了破产隔离风险

目前，农村基础设施 PPP 项目公司难以向资产证券化的 SPV 转让特许经营权。由于国内目前法律尚不完善，资产证券化原始权益人的破产隔离风险和财务风险（负债率因资产支持证券而提高）将被放大（戴炜倬和王栋，2016）。而且，由于农村基础设施 PPP 项目资产支持证券的性质与抵押债券近似，原始权益人的运营能力对 PPP 项目资产支持证券运行的影响更加显著，若 PPP 项目公司的资产规模不大，则投资者通常会要求提供较强的外部信用增级。

（二）PPP 合同法律关系的性质不清晰，增加了法律风险

由于对 PPP 合同法律关系是属于行政法律关系还是民事法律关系没有明确判定（刘佳丽和谢地，2016），若以 PPP 项目的相关收益权开展资产证券化，则基础资产的法律合同关系的属性不太清晰，即若地方政府出现违约时，对于基础资产现金流的请求适用合同法还是行政法，建议从立法层面予以明确和清晰化。

（三）缺乏稳定的中长期机构投资者群体

目前，公募/私募基金、券商、商业银行、财务公司等国内主要机构投资者较倾向于投资中短期险（通常为5年以内）的固定收益产品（惠恩才，2012），期限更长的资产证券化工具很难得到这些机构的青睐。同时，证券监管部门对资产证券化产品投资者的资质要求又限制了社保基金、企业年金等大型机构投资者，资产证券化产品还被保险公司视作次类投资，设置的门槛较高。基础设施PPP项目动辄10～30年的期限赋予了其产生长期稳定现金流的优势，但这种优势在国内资本市场盛行中短期投资的现实面前毫无立足之地，这进一步限制了优质农村基础设施PPP项目选择使用资产证券化的积极性。

（四）交易和发行机制尚不完善，融资成本不具有明显优势

农村基础设施PPP的核心机制设计应该是优化风险分配，降低全链条资本成本，另外还要提高运营效率，降低运营成本。因此农村基础设施PPP项目对于融资成本的要求很高。从目前市场情况来看，非金融企业发行的资产证券化产品的利率远低于信托融资、融资租赁的方式，但通常高于公募债券发行利率（流动性溢价平均为50～150bp），有一些项目高于银行贷款基准利率。主要原因是标准券质押式回购尚无法在资产证券化产品的二级市场交易，同时缺乏做市商交易的机制，此外企业资产证券化产品目前尚不能公开发行，产品流动性较弱，使得其相比标准化公募债券产品的融资成本要高一些。总之，资产证券化二级市场的交易和发行机制尚待改进。

四、政策建议

国外成熟的资产证券化经验表明，成功的资产证券化必须具备三个要素：一是理念先进、技术创新的金融基础实力，如资产证券化中的现金流模型等；二是市场，即供需双方的需求；三是软环境，即法律法规和监督要求。农村基础设施PPP项目开展资产证券化同样需要具备这3个要素，关于农村基础设施PPP项目资产证券化的政策建议很多方面与一般类型资产证券化相同，同时也具有一些独特的方面。主要政策建议包括：

（一）研究全业务证券化模式，探讨新的破产隔离结构

全业务证券化（Whole Business Securitization，WBS）是针对融资者的

整体业务开展的证券化活动，通常以该整体业务产生的营业现金流为基础资产，主要通过结构化交易实现整体业务现金流的整合归集和统一拨付。WBS有时又被称作混合交易（hybrid transaction），原因在于其与一般的资产证券化产品不同，融资者在资产证券化产品存续期内不仅要积极经营，而且还须始终承担作为基础资产的现金流的管理义务。

英美发达国家的实践表明，破产制度安排是决定WBS具体形式的关键因素。英式WBS模式的核心设计来源于英国破产法的行政接管人制度，因此属于真实控制模式。具体而言，行政接管人制度对破产债务人的全部财产设定了浮动抵押，同时债权人有权指定特定的行政接管人直接对破产债务人的资产和全部业务予以接管，而无须事先取得法院的批准。行政接管人制度的独特之处在于行政接管人不仅拥有继续经营原债务人全部业务的权力，而且还承担了通过积极经营帮助实现其委托人（债务人）利益最大化的责任。因此，在行政接管人制度安排下，其他债权人，也包括司法部门，不可能在法律允许范围内干扰或破坏业务的持续运营，行政接管人制度也成为WBS模式能够有效降低破产隔离风险的根本原因。

全业务证券化业务的基础资产为某项整体业务的营业收入现金流，这与农村基础设施PPP项目未来的收益权比较类似。由于国内PPP项目的特许经营权难以转让给SPV，服务权和收益权难以分离，可以研究并探讨英式WBS的真实控制模式，为农村基础设施PPP项目资产证券化的破产隔离提供一种新的交易结构思路。

（二）加强顶层设计，用完善的法律制度环境保障农村基础设施PPP项目的资产证券化发展

第一，以完善市场基础配套建设为目标，完成资产证券化法律体系的构建。未来农村基础设施PPP项目资产证券化若要取得长期发展，对其监管需纳入新《证券法》的范畴明确其定位。建议以促进资产证券化快速发展、实现公募发行、扩大市场流动性为基本策略，研究并探讨如何建立机制完善、规则统一的资产证券化监管体系。有关立法部门应积极调整甚至锐意破除限制重点发展领域或产业的资产证券化发展的、缺乏适用性的法律法规（晏强和李建华，2014），尽快制定适用于各类资产证券化活动的专门、统一的专项法律，至少应以法规或管理办法的形式提出明确而规范的发行、上市

和交易农村基础设施 PPP 项目资产支持证券的依据，以规范、合理的法律调整框架保障其业务有序开展。

第二，出于提升投资者的认可度并降低发起人交易成本的考虑，建议对农村基础设施 PPP 项目资产证券化交易中的 SPV、真实出售、破产隔离等各个环节的法律问题进行明确规定，在资产证券化过程中，如遇债权让与、抵押质押变更等安排，还需预先明确相应的通知和登记制度。

（三）适当降低准入标准，引入中长期机构投资者

中长期机构投资者对收益稳定、风险适中、投资额度高、期限较长的农村基础设施 PPP 项目需求旺盛（林振德和赵伟，2016）。建议出台配套措施引入社保基金、住房公积金、保险资金、境外投资者等中长期机构投资者，有序开展农村基础设施 PPP 项目资产证券化产品投资，支持农村基础设施 PPP 项目建设。

（四）探索离岸发行或自贸区发行模式，有效利用境外低成本资金

在资产证券化市场最为发达的美国，离岸发行是最重要模式之一，通过在避税岛设立特殊目的的公司（SPC）来发行资产支持证券降低融资成本。我国开展的离岸资产证券化项目已有先例，其中，中远集团航运收入资产证券化项目募集资金 5.5 亿美元、中集集团应收账款资产证券化项目募集资金 2 亿美元、珠海高速公路未来收益资产证券化项目募集资金约 0.8 亿美元。探索资产证券化离岸或自贸区发行模式，有利于引入资金实力雄厚的国际投资者或境外低成本的人民币资金，降低农村基础设施 PPP 项目资产证券化产品的发行成本，对于长期的农村基础设施 PPP 项目开展资产证券化具有重要意义。

（五）完善二级市场交易机制，提升产品流动性

首先，在农村基础设施 PPP 项目资产证券化产品范围内，开展标准质押式回购交易，在实践中不断完善相关交易机制。在世界主要资本市场，提升资产证券化产品流动性的最佳解决办法非标准券质押式回购交易莫属。与协议质押式回购相比，标准券质押式回购对于投资者的吸引力要大很多，并且交易风险更小。目前在交易所上市的国债、符合一定标准的公司债和企业债均可以开展标准券质押式回购，对于提升这些产品的流动性可起到极大作用。资产证券化产品与这些债券品种从性质上均属于固定收益产品，开展标

准券质押式回购不存在实质法律障碍，具有制度、法律和技术上的可行性，并有助于提升产品吸引力。

其次，建立专门供农村基础设施PPP项目资产支持证券使用的综合交易平台。将农村基础设施PPP项目资产支持证券纳入由交易所市场的集中竞价系统、固定收益平台、大宗交易系统/综合协议平台组成的综合交易平台，吸引更多投资者参与（田祥宇和李沛玥，2016），提高市场流动性。还可以将公司债的分类管理方式应用于农村基础设施PPP项目资产证券化产品，即通过设置一定标准（如要求评级达到AA级以上）筛选准入产品，从源头上保障综合交易平台的市场流动性。除了提高可交易标的的市场准入门槛之外，也可以从需求端考虑提高市场流动性，根据需要设置对投资者的资质要求，比如可以提高对个人投资者风险承受能力、交易经验等方面的要求，甚至可以在使用综合交易平台的初期，把投资者准入门槛提高到机构级别，待市场趋于成熟、流动性活跃后再对符合资质的个人投资者放开。

最后，引入做市商制度，开展双边报价。从活跃市场、降低风险的目的出发，做市商无疑在世界范围内的主要债券市场中起着举足轻重的作用。凭借规范、公开、富于竞争性的报价驱动机制，做市商制度有效地保障了债券的交易效率，提高了市场流动性，为市场提供了稳健运行的基础。对于农村基础设施PPP项目资产支持专项计划，做市商机制已具备大的法律基础。中国证监会于2014年11月发布的《证券公司及基金管理公司子公司资产证券化业务管理规定》明确指出，“允许券商为资产支持证券转让提供双边报价服务”，也就是说，相关法规已经赋予券商按照交易场所的规则为资产证券化产品提供流动性服务，发挥资产支持证券做市商的职能。有关部门应尽早着手针对农村基础设施PPP项目资产证券化业务制定具体的做市商工作细则，以形成合理的价格发现机制和产品流通机制。

第三节　适应农村公共服务周期特征和内容特征的长期信贷供给模式

一、农村公共服务设施长期信贷供给的经济效应分析

农村公共服务设施长期信贷供给模式的推出，不仅有利于相关农村金融

中介机构提升利润率，还丰富了资本市场上的投资品种，提升了“三农”企业的基础发展条件，进而吸引更多新型经营主体参与“三农”经济，最终推进农业现代化发展。本节从相关农村金融中介机构、资本市场、政府和社会四个维度全面分析推广农村公共服务长期信贷的经济效用。

（一）农村金融中介机构的经济效应分析

农村公共服务长期信贷极大地推动了农村金融中介组织机构的扩大和发展，目前农村金融主要是通过农信社、四大行和村镇银行来承接这一工作，但是受到各个地方实际条件的限制和影响，在经济条件较好的区域，农村金融网点和金融机构发展很快，而在欠发达地区金融网点覆盖较少。

要更好地推动农村土地收益证券化的发展，必须要有专业化的中介结构来承接这一职能，只有这样才能够更好地推动农村土地收益证券化的发展模式变革。发达国家中，德国是将土地投资作为主攻方向，通过土地投资的收益来实现信用托管；美国则是更加偏重不动产投资，实行不动产的信托方式；日本则关注土地收益，将其作为信托的核心点。不论是采用哪一种信托方式，中间都是需要金融中介机构来帮助运作的。在德国的土地信贷化过程中，是以土地抵押为着眼点，然后再慢慢地发展成为土地改革银行，那么这个银行就会充当农村土地证券化过程中的中介角色。具体的操作方式为：农民将自己所拥有的土地抵押给合作社，然后获得成为合作社会员的资格，合作社通过拿到农民的土地作为发行证券的担保，再将证券投放到资本市场当中，农民通过这些发行的证券获取一定的资金，并将这些资金再次投入到农村土地中，以获得更多的收益。美国、日本也是采用德国这种土地证券化的方式来进行运作，只是其中的中介组织有所区别，但是都会采用中介机构来进行担保。不难看出，金融中介机构是连接农民和资本市场之间的重要中间环节，对农村土地证券化的发展有着极大的推动作用。

我国为了推进农村公共服务长期信贷，提出了完善农村金融基础设施，构建完整的农村土地流转市场的政策。农村土地收益证券化并经过信用评定机构对其风险评定之后，其信用级别有了很明显的提高，加上政府作为担保者，那么其风险相对于股票而言就会低很多。土地收益的证券化为丰富资本市场的金融产品做出了贡献，主要表现为：其一，土地投资证券化为农村金融机构拓宽了融资渠道，缓解了土地收益信贷的压力；其二，将土地证券化能够增加金融机构中过去流动性不高的金融资产；其三，在土地证券化的过程中，需要评估组织、审计机构、第三方担保等多个组织来协助共同完成，那么就会增加这些组织的业务量，帮助其在金融市场上不断成熟和完善。

在各地实践中，一般成立了由政府主导的物权融资公司，丰富了农村金融中介机构。物权融资公司的引入，一方面承担土地未来收益评估的工作，另一方面还会估算土地经营权收益的价值，更好地活跃金融市场，加速信息的传播和流通，为国内的土地流转和证券化奠定一定的基础。当前，物权融资公司多是以政府为主导，民间机构的参与数量不多，后期需要鼓励更多的民营企业或者民间机构加入到物权融资公司。例如农村信用合作社等民间组织是对基层情况非常了解的，包括村民的信用等，这样也能够对农民的征信评估提供更多的帮助。通过民间机构的引入，不断地优化股权投资方式和结构，更好地激发物权融资企业活跃度，通过协调社会各方的力量，形成合力，充分发挥其在农村土地证券化过程中的作用。

（二）资本市场的经济效应分析

收益权类产品已成为结构性融资领域的重要组成部分。农村公共服务长期信贷促进农业产业链发展完善。目前，农产品价值链收益不稳、农业生产波动性较大，这两个问题直接影响有实力的龙头企业的加入，已经加入的企业规模不够，市场占有率低，市场竞争力较弱。这样就会导致农村土地证券化的过程中出现融资困难的现状。为了更好地解决这一困难，就需要大量引入小额农业信贷资产证券化资本，这样一方面增加小额贷款的存量，另一方面还可以缓解农村企业融资困难的问题，从而更好地推动农村土地收益证券化的过程。

农村公共服务长期信贷有利于降低农民及农业企业筹资成本，提高资金使用效率。农村公共服务长期信贷可以通过其特有的农业融资制度和信用增级，调整部分企业的信用级别，让以前资产信用额较低的企业能够进入到资本市场当中。因为财政拨款对农村补贴的覆盖率并不高，这样资金的涌入能够有效地增加农村经营企业的资金流，并投入农业开发的再生产中，将政府、新型农村企业、金融企业三方有效结合起来，降低市场风险，更好地推动资本市场的运行。

农村公共服务长期信贷提高了涉农资本的利用效率。在市场经济条件下，效率是检验生产成败的唯一指标。农村公共服务长期信贷在农村资本引入的过程中发挥着重要的作用，农村土地证券化能够有效地降低交易成本，同时，还会把收集到的资金配置到经济效益较好的部门和领域，提高资金使用效率。在我国农村经济中，经济货币化水平不断提升，经济建设水平更加完善，信息更新速度加快，信息成本和交易成本都呈现下降的趋势，同时在土地证券化的过程中还能够通过引入的中间机构或者组织对资金的使用情况和使用进度进行监控，这样一来不仅保证了资金的安全，还降低了监督费用。为了充分保证该证券化产品的收益，发行机构必将主动寻找更多效益好的项目，在规避风险的同时，提高了资金使用效率。

（三）政府的经济效应分析

在农村土地证券化的过程中，政府也扮演着重要角色。发达国家农村土地证券化离不开政府的支持与控制。例如德国的土地银行是以各州级政府为主导的，美国的土地银行是在农业部的指导下建立的，日本的农信联社也是如此，且这些银行和农信联社的资金支持都来源于政府。以上这些发达国家，政府都会承担一些担保职责或者部分的资金支持，用来推动农村土地证券化的发展进程，如果没有政府做支撑，在开展的过程中会遇到非常大的阻碍。

农村公共服务长期信贷能够缓解政府的财政压力。在以往的农村经济发展中，农民和农村企业多是依赖政府补贴来发展，但是将土地证券化后，通过将土地市场化的途径来帮助农民和企业融资，能够拓宽农民的融资渠道，缓解政府的财政压力。通过政府引导所组建的土地信托机构，虽然能够承接一定的中介职能，但是很难发挥出真正意义上的信托功效。目前已出现部分的专业信托企业加入到土地证券化的过程中，例如较为权威的北京国际信托有限公司，正在着手研究成立专门的土地信托部门，它与地方性的农村信托组织相比，具备一些自身的优势。但是在专业土地信托机构加入进来时，也必须要明确，农村土地信托与常规的市场信托是有差异的，投资回报期限会相对较长。

农村土地的使用权主要是包括三个方面：土地承包经营权、宅基地的使用权、农村集体建设用地使用权，因此，土地证券化一方面能够推动土地使用的改革，加快土地流转，将以前荒废的土地利用起来，形成土地规模经营，更好地引入现代机械化生产，发展现代农业，增加农民收益；另一方面，能够进一步推动农村城镇化进程，加速农村社会转型。目前，随着城镇化的发展，失地农民数量日渐增多，外出务工人员不断涌入城市，农村土地撂荒化的现象十分明显。在这种情况下，土地证券化能够在一定程度上解决城镇化过程中遭遇的困难，进而化解社会矛盾。

(四) 社会的经济效应分析

土地证券化从本质上而言是一种信贷产品，但是从另外一个角度看，它也是融入了土地金融的思想在里面了。在土地证券化的过程中，农民所承包的土地作为抵押物，物权融资机构是担保企业，同时还是准土地银行，这样就能够更好地保障广大农民的权益。将土地证券化，不仅能够加速土地的流转，也能够更好地实现农业的规模化经营，而且土地证券化的流程手续相对简单、风险低，即使农民无力偿还贷款，在农民将土地转包之后，仍然可以有 1/3 的土地来保证口粮生产，农民的基本生活仍然是有保障的，这样能够更好地维护社会的稳定。因此，开展土地收益贷款证券化可以有效保障农民的基本生活。

在土地证券化过程中，土地所有者具有资产支配权，能够自主地将土地出售或者转移，因此在转让过程中，所有权是非常明晰的，不会出现所有权争议的状况，这样就能保证证券的发行和收益。同时通过农村土地证券化可以用一定的资金来支持新型农业主体的发展，充当担保角色，更好地保证土地流转的有序进行。

农村公共服务长期信贷的主要操作方式是由政府作为主体，成立土地信托机构，农民将自身所拥有的经营权转移给土地信托机构，并与土地信托机构签订相关合约。土地信托机构将收集上来的土地租赁给新型农业经营主体，例如农民合作社或者农业大户等，这些农业经营主体通过规模化的发展来获得收益。从现有的试点效果来看，对于促进土地流转是很有效果的，可以在部分土地权属比较明晰的区域进行推广。

农村公共服务长期信贷有利于缓解农村地下金融问题，保障农村社会稳定。目前农村的信用评估并不健全，导致农民和农村机构在金融体系中信用级别并不高，如果需要融资，不仅流程麻烦、要求严格，并且还很难融资成功。而农民和农村企业又有贷款需求，这就会衍生出众多的农村地下贷款问题。农村地下金融贷款并没有按照合理的贷款利率运行，甚至出现一些非法催收账款的现象，不利于农村金融秩序的维护。农村公共服务长期信贷利率水平较低，在一定程度上抑制地下贷款中高利贷现象的发生。同时农村土地收益有保障，较之前其他的贷款而言，农村公共服务长期信贷能够更好地缩短贷款申请时间，而且办理贷款的过程是零成本，可谓流程简单，放款时间短。因此，开展农村公共服务长期信贷在一定程度上可以保障农村经济健康发展，维护农村社会安全、稳定。

二、农村公共服务投资管理经验借鉴

（一）日本经验

日本乡村基本实现了城镇化，居民户籍、社会保障、公用服务实现了城乡一体化，农民的收入水平基本与城市居民相当。这些成绩的取得很大程度上得益于日本政府对公共服务投资的资金支持。

1. 财政是农村公共服务投资的主要资金来源

日本历届政府对乡村公共基础设施建设都非常重视，国家财政对这方面的支持力度是所有发达国家中最高的。日本政府制定了一系列的法律来强化财政对基建的投入，使乡村基建投资在财政预算中所占份额不断增加。

2. 政策性金融机构提供了充足的信贷资金

为了支持乡村的发展，日本建立了农村政策性金融组织体系，为农村公共服务投资提供政策性信贷支持，贷款利率较低，偿还期较长。

（二）韩国经验

韩国于20世纪70年代初开始实施“新乡村运动”，通过政府投资、乡村配套和银行信贷等多种形式加强农村公共服务设施的全面建设和改造，改善了农村生产生活条件，缩小城乡之间差距，实现了农村现代化。

1. 以财政补贴带动民间资金投入

在新乡村运动中，围绕鼓励农民“勤勉、自助、合作”，韩国政府制定了一系列扶持政策，调动了农民团结起来、自力更生、改造家园的积极性。新乡村运动的资金结构中，村民自发投资现金、物质和劳动力占49%。

2. 合作信用的信贷支持

韩国政府认识到单纯依靠民间资金难以满足公共服务投资需要，便主动参与农村金融活动，明确规定要把邮政储蓄作为其政策性金融机构的重要资金来源。政府推行新乡村金库建设，在每个村庄和城市的洞（社区）建一个金库，将放贷重点放在支持公共服务设施建设上。同时，建设村级信用合作社，采用高息揽储、低息放贷的办法，支持农民参与乡村建设。

（三）借鉴与启示

包括4点：①政府财政投入应该作为投资的主渠道；②构建完善高效的政策性金融信贷体系；③强化政府投资对民间投资的引导作用；④完善农村公共服务设施建设的立法保障。

三、构建农村公共服务设施长期信贷供给机制

健全公共服务设施投资机制需要进一步统筹规划，突出财政主体地位、完善引导机制，壮大农村自我投资能力，优化投资环境，完善决策机制，逐步形成公共财政投入有效增长、村集体经济长远发展、村民广泛参与、金融机构扩大信贷的多元化、多层次、可持续的公共服务设施投资长效机制。

（一）建立财政支农的稳定增长机制

农村公共服务设施的公共产品属性和公共财政本身的特点表明，财政投入及相关政策的实施在此类设施的建设中扮演着主要的角色。公共服务设施投资必须强调以政府投资为主，落实中央“三个高于”的要求，使地方财政支农投资增长幅度不低于地方财政经常性收入的增长幅度，逐步提高地方财政支农支出占地方财政总支出的比重，并要形成制度加以保障，使财政对农村建设的投资增长政策稳定化、制度化。

要以重点基础设施项目、区域和产业为纽带统筹安排各种渠道的支农资金，集中使用。要减少划拨中间环节，让财政支农资金直接集中支付。

要坚持以县级为平台，中心乡镇为载体，整合财政支农资金多级渠道，保证财政支农资金安全运行。

（二）壮大农村集体经济，健全议事规则，创新村民自建机制

村集体一直以来是乡村公共服务设施投资的重要力量，在整治村庄环境、兴建基础设施、兴办公益事业等方面的投资中占到三分之一份额，且承担各类基础设施日常维护的任务。因此，壮大村级集体经济仍将是促进村庄基础设施建设与维护的有效手段。

乡村集体经济的发展需要制度的长期性保证，从政策层面看要完善现有的支农政策，制定助推村集体经济发展的有效政策，推动经济薄弱村积极转变发展方式，更好把握市场规律，实现持续增收。

在集体资金和农民自筹资金的投入上，要健全“一事一议”制度，完善村民自治背景下的需求表达机制。对公共服务设施的需求顺序，农民自己最清楚，公共服务设施的建设理应尊重农民的意愿。

(三) 扩大投融资渠道，建立农村公共服务设施多元化的投资结构

健全财政资金投资的引导机制。充分发挥财政资金的政策杠杆作用，采取补助、贴息、奖励、税收优惠、投资参股等多种政策手段，积极形成鼓励和引导民间资本与金融资本参与公共服务设施建设的长效机制。

多渠道吸引社会资本投资。根据农村公共服务设施的产品属性来确定不同的投资方式。对于具有一定营利空间的基础设施项目应及时地放宽政府管制和市场准入限制，按照“明晰所有权、放开建设权、搞活经营权”的原则，积极鼓励社会资本和农民筹资建设管理，逐步形成多渠道、多元化的投资体系。

创新各种投融资模式。目前广泛运用于城市基础设施投资与建设的投融资模式，如PPP、BOT、TOT等，同样也可以运用于农村饮用水、农村公共交通、沼气能源、垃圾处理、民办教育等领域（图6-4）。

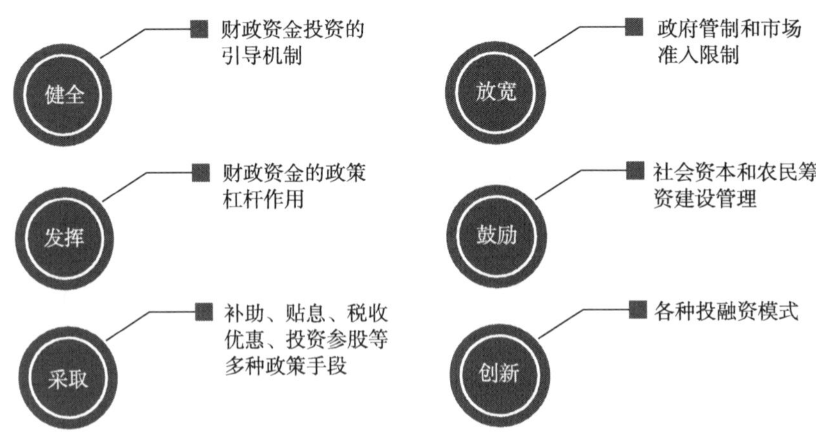

图6-4　扩大农村公共服务设施投融资渠道，创新投融资模式

(四) 建养结合，建立农村公共服务设施建设与管护的长效机制

要解决目前农村公共服务设施工程运行管理比较薄弱，管护机制运行不

够顺畅，重建设轻管理等问题，首先要明确产权主体，落实管护责任，健全管护机制，根据基础设施的受益范围不同，明确不同设施的具体管理与养护责任者。

乡镇与村既是公共服务设施的建设者，也是管理者。要积极探索建立多种形式的农村公共服务设施管护体制和运营方式，鼓励采取承包、租赁、拍卖、转让等形式，明确设施管护责任，充分调动广大农民投资建设和管好农村公共服务设施的积极性，使农村公共服务设施真正走上平时有人管、坏了有人修、更新有能力的良性轨道。

参 考 文 献

曹平苹 . 2011. 优化株洲农村支付环境研究 [D]. 长沙：湖南农业大学 .

陈军，曹远征 . 2008. 农村金融深化与发展评析 [M]. 北京：中国人民大学出版社 .

陈艳利，徐同伟，弓锐 . 2016. 国有资本经营预算对国有企业经营绩效的影响研究——来自央企控股上市公司的经验证据 [J]. 财务研究 (5)：57 - 67.

戴炜倬，王栋 . 2016. 政府对农村公共基础设施投资的作用机制：短期激励与长期合作——基于地方政府之间晋升博弈视角的分析 [J]. 农业经济问题 (12)：55 - 61，62.

丁彦皓 . 2013. 中国住房抵押贷款证券化信用风险的波动特征检验——基于 ARIMA - ARCH 模型的论证 [J]. 金融经济学研究，28 (4)：117 - 128.

丁毅，唐立波 . 2015. 中国农村金融支付环境建设问题研究 [J]. 当代经济研究 (3)：84 - 88.

丁毅，张瑞杰 . 2014. 基于托宾 Q 理论的 IPO 抑价影响因素研究 [J]. 当代经济研究 (4)：84 - 87.

丁毅 . 2014. 我国上市公司投资效率影响因素与改进措施 [J]. 经济纵横 (4)：88 - 90.

丁毅 . 2018. "两权"抵押贷款对中国农村居民消费的影响——基于协整检验和误差修正模型的动态分析 [J]. 价格理论与实践 (10)：113 - 116.

丁毅 . 2018. 农村基础设施 PPP 项目资产证券化的实施路径、主要问题与政策建议 [J]. 农业经济问题 (10)：94 - 101.

丁毅 . 2019. 纠正农村信用社的"离农化"倾向 [J]. 人民论坛 (2)：70 - 71.

丁毅 . 2019. 农村金融创新对新型农业经营主体绩效的影响研究——基于结构方程模型 (SEM) 的分析 [J]. 价格理论与实践 (5)：123 - 126.

丁毅 . 2019. 农村金融服务乡村振兴的方式创新与风险控制研究 [D]. 北京：经济管理出版社 .

丁毅 . 2019. 乡村振兴战略背景下的农村供给侧结构性改革优化路径研究 [D]. 北京：经济管理出版社 .

丁毅，刘颖，赵双剑，管延芳，杨明，张琳 . 2020. 农村金融创新对我国居民生活质量影响研究——基于综合生活质量评价指数构建与衡量分析 [J]. 价格理论与实践 (2)：83 - 86，174.

范方志，张立军 . 2003. 中国地区金融结构转变与产业结构升级研究 [J]. 金融研究：36 - 48.

高连水 . 2012. 金融服务农业产业化龙头企业路径选择——基于既有研究的思考 [J]. 农村金融研究 (1): 68 - 73.

葛培建 . 2013. 企业资产证券化操作实务 [M]. 上海: 复旦大学出版社 .

关志欣 . 2013. 农村支付服务环境建设实证研究——以南京为例 [J]. 社科纵横 (9): 58 - 61.

郝志瑞 . 2016. 中国新型农业经营主体培育金融支撑体制创新研究 [J]. 农业经济 (12): 121 - 123.

何红光, 宋林, 李光勤 . 2017. 中国农业经济增长质量的时空差异研究 [J]. 经济学家 (7): 87 - 97.

何婧, 李庆海 . 2019. 数字金融使用与农户创业行为 [J]. 中国农村经济 (1): 112 - 126.

何凌霄, 张忠根, 南永清, 等 . 2017. 制度规则与干群关系: 破解农村基础设施管护行动的困境——基于 IAD 框架的农户管护意愿研究 [J]. 农业经济问题 (1): 9 - 21.

胡威 . 2012. 资产证券化的运行机理及其经济效应 [J]. 浙江金融 (1): 62 - 66, 72.

华中昱, 林万龙 . 2016. 贫困地区新型农业经营主体金融需求状况分析——基于甘肃、贵州及安徽 3 省的 6 个贫困县调查 [J]. 农村经济 (9): 66 - 71.

黄崇珍, 张修凡 . 2015. 我国住房抵押贷款证券化违约风险的防范 [J]. 上海经济研究 (8): 35 - 44, 108.

黄祖辉, 刘西川, 程恩江 . 2009. 贫困地区农户正规信贷市场低参与程度的经验解释 [J]. 经济研究 (4): 116 - 128.

惠恩才 . 2012. 我国农村基础设施建设融资研究 [J]. 农业经济问题 (7): 63 - 69.

姜雨潇 . 2016. 基于金融发展衡量指标体系构建下的金融发展与经济增长研究 [D]. 济南: 山东财经大学 .

姜玉梅, 姜亚鹏, 王飞 . 2011. 住房抵押贷款证券化信用风险宏观影响因素分析——国际经济波动下基于建元 2005 - 1 资产池的研究 [J]. 宏观经济研究 (4): 56 - 61.

孔薇, 赵儒煜 . 2017. 东北地区 PPP 模式适用性、实用性问题研究 [J]. 宏观经济研究 (4): 15 - 23.

李佳 . 2015. 资产证券化的产生、运作及监管趋势研究——基于美国市场的经验借鉴 [J]. 上海经济研究 (7): 28 - 35.

李金栋 . 2018. 英国“规制沙盒”对我国金融创新与风险防范的启示 [J]. 价格理论与实践 (12): 99 - 102.

李科, 徐龙炳 . 2011. 融资约束、债务能力与公司业绩 [J]. 经济研究 (5): 61 - 73.

李林, 丁艺, 刘志华 . 2011. 金融集聚对区域经济增长溢出作用的空间计量分析 [J]. 金融研究 (5): 113 - 123.

李青原, 李江冰, 江春 . 2013. Huang K X D. 金融发展与地区实体经济资本配置效率——来自省级工业行业数据的证据 [J]. 经济学 (季刊) (1): 527 - 548.

李文增．2011．设立现代农业股权投资基金促进天津市农业经济发展方式转变的思考［J］．华北金融（1）：25－28．

李英攀，刘名强，王芳，等．2017．基于PPP模式的大型建筑企业项目融资渠道选择［J］．财会月刊（8）：42－49．

林乐芬，法宁．2015．新型农业经营主体融资难的深层原因及化解路径［J］．南京社会科学（7）：150－156．

林毅夫．2007．农业产业化与“山东经验”［J］．中国．城乡桥（9）：14－15．

林振德，赵伟．2016．农村公共基础设施投资区域差异影响因素研究［J］．农村经济（1）：88－94．

刘佳丽，谢地．2016．PPP背景下我国城市公用事业市场化与政府监管面临的新课题［J］．经济学家（9）：42－49．

刘迁迁，李明．2015．我国个人住房抵押贷款证券化存在的问题及对策研究［J］．西南金融（8）：27－29．

刘迁迁．2016．我国个人住房抵押贷款证券化产品提前偿还及定价研究［J］．商业研究（7）：42－48．

刘新华，孙欢欢．2015．“资金池”模式理财产品的风险透析及防范——与美国次级贷款证券化的比较［J］．西南金融（6）：33－37．

刘玉顺，曲讳．2012．金融支持农业产业化发展的问题及原因探析［J］．财政与金融研究，（1）：123－126．

米松华．2013．我省低碳现代农业发展研究［D］．杭州：浙江大学．

齐卫国．2013．优化农村金融生态环境问题研究［D］．济南：山东大学．

冉光和，李敬，熊德平，温涛．2006．中国金融发展与经济增长关系的区域差异——基于东部和西部面板数据的检验和分析［J］．中国软科学（2）：102－110．

沈红波，华凌昊，许基集．2018．国有企业实施员工持股计划的经营绩效：激励相容还是激励不足［J］．管理世界（11）：121－133．

沈亮．2008．基于Binary Logistic回归的中国科技人力资源区域流动特性研究与预测［D］．西安：西安建筑科技大学．

孙运锋．2011．县域农业产业化发展的金融支持路径研究［J］．河南社会科学（6）：98－100．

孙志毅，卢浩洁，齐畅，等．2018．供给侧改革视角下新型农业主体融资模式创新研究［J］．商业经济（9）：112－114．

谈儒勇．1999．中国金融发展和经济增长关系的实证研究［J］．经济研究（10）：53－61．

田祥宇，李沛玥．2016．我国农村基础设施投资公平性影响因素研究——基于享有公平的视角［J］．宏观经济研究（11）：142－151．

汪艳涛，高强，苟露峰．2014．农村金融支持是否促进新型农业经营主体培育——理论模型

与实证检验 [J]. 金融经济学研究 (5): 89-99.

汪艳涛，高强，苟露峰. 2014. 农村金融支持是否促进新型农业经营主体培育——理论模型与实证检验 [J]. 金融经济学研究，29 (5): 89-99.

王莉，杨印生，刘子玉. 2005. 基于 Binary Logistic 回归方法的农村劳动力流动影响因素分析 [A] //中国现场统计研究会. 中国现场统计研究会第 12 届学术年会论文集 [C]. 中国现场统计研究会.

王倩. 2010. 村镇银行发展的制度约束及优化设计 [J]. 农业发展问题 (8): 56-65.

王蔷，郭晓鸣. 2017. 新型农业经营主体融资需求研究——基于四川省的问卷分析 [J]. 财经科学 (8): 118-132.

王遥，潘冬阳，彭俞超，梁希. 2019. 基于 DSGE 模型的绿色信贷激励政策研究 [J]. 金融研究 (11): 1-18.

王元春. 2011. 金融支持农业产业化问题研究 [J]. 市场研究 (12): 13-16.

温涛，冉光和，熊德平. 2005. 中国金融发展与农民收入增长 [J]. 经济研究 (9): 30-43.

吴敬琏. 2016. 供给侧改革：经济转型重塑中国布局 [M]. 北京：中国文史出版社.

吴清华，冯中朝，李谷成. 2015. 农村基础设施供给与管护的国际经验及其启示——以灌溉设施、农村公路为例 [J]. 中国农业大学学报 (4): 248-255.

吴石磊. 2018. 现代农业创业投资的梭形投融资机制构建及支持政策研究 [M]. 北京：经济科学出版社.

肖璐熠，刘刚. 2013. 论绿色农业产业化的金融政策支持 [J]. 农村经济与科技 (9): 145-146.

谢汉阳，袁锦湘. 2011. 农村支付环境评价指标体系研究——以湖南省湘西自治州为例 [J]. 武汉金融 (3): 57-59.

谢平. 1992. 中国金融资产结构分析 [J]. 经济研究 (11): 30-37, 13.

许余洁，林华，黄长清. 2015. 不良贷款证券化模式 [J]. 中国金融 (17): 75-77.

颜南，王菊花. 2012. 浅析我国农业产业化中的金融支持 [J]. 商业文化 (5): 71-72.

晏强，李建华. 2014. 农村基础设施建设投资存在的问题及其对策研究 [J]. 当代经济研究 (3): 71-74.

杨军，冯紫琳，张龙耀. 2011. 建立农业产业发展引导基金，促进现代农业发展 [J]. 农业经济问题 (10): 11-15.

易纲. 1996. 中国金融资产结构分析及政策含义 [J]. 经济研究 (12): 26-33.

易纲. 2020. 再论中国金融资产结构及政策含义 [J]. 经济研究 (3): 4-17.

詹姆斯·丹尼尔，约瑟·加里多，马里纳·莫雷蒂，等. 2016. 中国的债转股与不良贷款证券化：一些初步考虑 [J]. 金融发展研究 (7): 60-62.

张成思，张步昙. 2016. 中国实业投资率下降之谜：经济金融化视角 [J]. 经济研究 (12): 32-46.

张会丽，吴有红.2011. 企业集团财务资源配置、集中程度与经营绩效——基于现金在上市公司及其整体子公司间分布的研究 [J]. 管理世界 (2)：100-108.

张婧.2009. 个人信用体系在住房抵押贷款证券化中的建立途径 [J]. 现代经济（现代物业下半月刊），8 (3)：38-39，78.

张军，金煜.2005. 中国的金融深化和生产率关系的再检验：1987-2001 [J]. 经济研究 (11)：34-45.

张桥云，韩煦，陈跃军.2009. 贷款证券化、道德风险与监管缺失 [J]. 财经科学 (7)：10-17.

张少明.2013. 我国农业信托融资模式研究 [D]. 兰州：兰州大学.

张岩.2014. 我国农村土地融资模式创新研究 [D]. 郑州：郑州大学.

张志峰.2010. 地方政府投融资平台贷款证券化分析 [J]. 中国金融 (11)：72-73.

郑玉花，郑爱莲.2009. 金融服务在农业产业化发展中存在的问题及建议 [J]. 吉林金融研究 (10)：37-38.

中国管理现代化研究会.2013. 科技创新型小微企业发展的政策支持体系研究——基于技术创新生命周期视角 [A] //中国管理现代化研究会. 第八届 (2013) 中国管理学年会——创业与中小企业管理分会场论文集.

周俊才，金启昊，张欢.2013. 基于 Logistic 分析的农村支付环境建设问题研究——以定西市为例 [J]. 甘肃金融 (7)：67-69.

周立，王子明.2002. 中国各地区金融发展与经济增长实证分析：1978-2000 [J]. 金融研究 (10)：1-13.

周杨.2017. 新型农业经营主体信贷需求和信贷约束研究 [D]. 沈阳：辽宁大学.

邹晓梅，张明，高蓓.2014. 美国资产证券化的实践：起因、类型、问题与启示 [J]. 国际金融研究 (12)：15-24.

邹晓梅，张明.2016. 公积金贷款证券化：中国试点、国际经验与政策建议 [J]. 国际金融 (3)：48-55.

Almeida H，Wolfenzon D. 2005. The effect of external finance on the equilibrium allocation of capital [J]. Journal of Financial Economics，75 (1)：133-164.

Arsyad L. 2013. Assessing Factors Affecting the Repayment Rate of Microfinance Institutions：A Case Study of Village Credit Institutions of Gianyar，Bali [J]. Gadjah Mada International Journal of Business，8 (2)：247-273.

Bernanke B S，Gertler M，Gilchrist S. 1996. The financial accelerator and the flight to quality [J]. Review of Economics and Statistics，78 (1)：1-15.

Burgstaller J，Wagner E. 2015. How do family ownership and founder management affect capital structure decisions and adjustment of SMEs?：Evidence from a bank-based economy [J]. The Journal of Risk Finance，16 (1)：73-101.

Butler A W, Cornaggia J. 2011. Does access to external finance improve productivity? Evidence from a natural experiment [J]. Journal of Financial Economies (1): 184 - 203.

Chepngetich P. 2016. Effect of financial literacy and performance SMEs: Evidence from Kenya [J]. American Based Research Journal, 5 (11): 26 - 35.

Daniel A. Kukla. 2016. Competitive Strategy of Private Equity [EB/OL]. http: //ssm. com/abstract=1649670, 2010/January.

Drabenstott M, Meeker L. 2010. Alternative Measures of the Federal Reserve Bank Cost of Equity Capital [J]. Journal of Banking & Finance (30): 89 - 96.

Goldsmith R W. 1969. Financial structure and development [M]. New Haven: Yale University Press.

Greenwood J, Jovanovic B. 1990. Financial development, growth, and the distribution of income [J]. Journal of Political Economy (98): 1076 - 1107.

Hosseini S. S. , Khaledi M, Gray R. . 2009. The Cost of Ownership in Micro - finance Organizations [J]. Agribusiness, 25 (3): 291 - 313.

King R G, Levine R. 1993. Finance and growth: Schumpeter might be right [J]. The Quarterly Journal of Economics, 108 (3): 717 - 737.

Klose S. , Outlaw J. L. . 2005. Financial and Risk Management Assistance: Decision Support for Agriculture [J]. Journal of Agricultural and Applied Economics, 37 (2): 415 - 423.

Levine R, Aghion P, Howitt P. 2018. Financial development and innovation - led growth [C] //Handbook of Finance and Development. Northampton: Edward Elgar Publishing.

Levine R, Rubinstein Y. 2017. Smart and illicit: Who becomes an entrepreneur and do they earn more? [J]. Quarterly Journal of Economics, 132 (2): 963 - 1018.

Levine, R. , Rubinstein, Y. 2017. Smart and illicit: Who becomes an entrepreneur and do they earn more [J]. Quarterly Journal of Economics (2): 10 - 22.

Mckinnon R I. 1973. Money and capital in economic development [M]. Washington, D. C. : Brookings Institution.

Nusair k, Hua N. 2010. Comparative assessment of structural equation modeling and multiple regression research methodologies: E - commerce context [J]. Tourism Management, 31 (3): 314 - 324.

Nusair, K. , Hua, N. 2010. Comparative assessment of structural equation modeling and multiple regression research methodologies: E - commerce context [J]. Tourism Management (3): 52 - 67.

Oboh V U, Ekpebu I D. 2011. Determinants of Formal Agricultural Credit Allocation to the Farm Sector by Arable Crop Farmers in Benue State, Nigeria [J]. African Journal of

Agricultural Research, 6 (1): 181-185.

Shaw E S. 1973. Financial deepening in economic development [M]. New York, Oxford University Press.

Sial M H, Awan M S, Waqas M. 2014, . Role of Institutional Credit on Agricultural Production: A Time Series Analysis of Pakistan [J]. International Journal of Economics and Finance, 3 (2): 126.

Sindwani R, Goel M. 2015. The impact of technology based self-service banking service quality on customer loyalty [J]. International Journal of Marketing and Business Communication, 4 (3): 1-13.

Sindwani, R., Goel, M. 2015. The impact of technology based self-service banking service quality on customer loyalty [J]. International Journal of Marketing and Business Communication (3): 11-26.